U0031176

明史簡述

明史簡述

吳晗 著

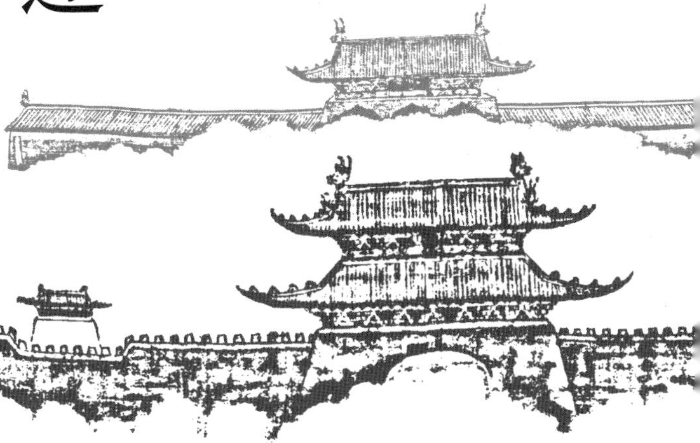

中和出版
OPEN PAGE

出版緣起

我們推出的這套「大家歷史小叢書」，由著名學者或專家撰寫，內容既精專、又通俗易懂，其中不少名家名作堪稱經典。

本叢書所選編的書目中既有斷代史，又有歷代典型人物、文化成就、重要事件，也包括與歷史有關的理論、民俗等話題。希望透過主幹與枝葉，共同呈現一個較為豐富的中國歷史面目，以饗讀者。因部分著作成書較早，思想和主張有作者所處時代的印記，作者行文用語具時代特徵，我們尊重及保持其原貌，不做現代漢語的規範化統一。

中和編輯部

目錄

明朝歷史的基本情況

明太祖的建國

首先，我們應該弄清國家的含義。近幾年來*的學術討論中，有人往往把我們這個時代關於國家的含義等同於歷史上的國家的含義。這是錯誤的、不科學的。我們今天所說的國家，包括政府、土地、人民、主權各個方面。由於政權性質的不同，國家可以分為好幾類，有人民民主國家、資本主義國家、民族主義國家等等。歷史上國家的含義就跟這不一樣。簡單地說：歷史上的國家只能是某一個家族的政權，不能把它等同於今天我們所說的國家。曹操的兒子曹丕臨死前寫了一篇遺囑，說：自古無不亡之國。這裡所說的「國」是甚麼呢？就是指某個家族的政權，是指劉家的、趙家的、李家的或者朱家的政權。這些政權經常更替，一個滅亡了，另一個起來。所以，曹丕說自古無不亡之國。但是一個政權滅亡了，當時的國家是不是也滅亡了呢？沒有。譬如漢朝劉家的政權被推翻了，曹操的兒子做了皇帝，還是有三國，我們的歷史並沒有中斷。曹家的政權被推翻了，司馬氏做了皇帝，國家也沒有滅亡。所以，歷史上的所謂亡國，就是指某一個家族的政權被推翻，國家還是存在的，人民還是存在的。因此，我們所說的明太祖建國，也是指他建立的朱家的政權。這個國跟我們今天的中華人民共和國有本質的不同，它只代表一個家族、一個集團的利益，而不代表整個民族的共同的利益。

把這個含義弄清楚，我們才可以講下面的問題，就是朱元璋的政權依靠的是甚麼。

（一）土地關係問題

要講土地關係問題，不能不概括地講講當時的基本情況。

在十四世紀中葉，大致是從一三四八年到一三六八年的二十年中間，發生了大規模的農民起義、農民戰爭。規模之大，幾乎遍及全國，從東北到西南，從西北到中南，到處都有農民戰爭發生。不單是有漢族農民參加，各地的少數民族也參加了，如東北的女真族（就是後來的建州族）、西南的回族都參加了鬥爭的行列，時間之久前後達二十年。戰爭激烈的情況，在整個歷史上都是少有的。

在二十年的戰爭中，反對元朝的軍事力量大致可以分為兩個體系：

一支是紅軍。因為參加起義的人都在頭上包一塊紅布作為標誌，在當時政府的文書上稱為「紅軍」，也有個別的叫作「紅巾軍」。這是反對元朝的主要力量。現在有些歷史學家不大願用「紅軍」這個名稱，大都稱為「紅巾軍」。大概有這樣一個顧慮：怕把歷史上的紅軍同我們黨建立的紅軍等同起來。在我的記憶裡有這樣一件事：大約二十年前，國民黨政府的一個甚麼館，要我寫明史。書寫好之後交給他們看，他們甚麼意見也提不出來，最後說：你這上面寫的「紅軍」改不改？要改就出版，不改就不出版。我說：不出版拉倒！（這本書現在沒有出版）他們怕紅軍，不但怕今天的紅軍，也怕歷史上元朝的紅軍，因此他們要我改掉。我不改，因為根據歷史記載，這支起義軍本來就是紅軍，不是白軍。這不說明甚麼政治內容，而只是說他們頭上包了一塊紅布而已。紅軍又分成兩部分：一部分在東邊活動；一部分在西邊活動。具體說，東邊是指今天的安徽、河南、河北一帶，西邊是指江漢流域（長江、漢水流域）。江漢地區的紅軍很多，包括「北鎖紅軍」和「南鎖紅軍」。反對元朝的另一支軍事力量是非紅軍系統：在浙江有方國珍，在元末的反元鬥爭中，他起兵最早；在江蘇有張士誠；在福建有陳友定。當時為甚麼能爆發這樣大規模的農民起義呢？我想在講元朝歷史的時候已提到了，這裡就不再重複。

下面講講紅軍提出了些甚麼問題。

紅軍當中的一些領導者，他們在反元鬥爭展開之後發佈了一個宣言（當時叫檄文），裡面有這麼兩句話：「貧極江南，富誇塞北。」（文件的全文已看不到了，只留下這麼兩句）這說明甚麼呢？說明紅軍反對元朝的統治，要推翻元朝的統治。這是一個有各族人民參加的階級鬥爭。當時元朝的政治中心，一個在大都（北京），一個在上都。元朝政府經常派出很多官吏和軍隊到南方去搜刮物資，把這些物資運到北方去供少數人享受。元朝的皇帝在剛上台時，為了取得軍事首領、部族酋長的支持，對他們大加賞賜，按照不同的地位給他們金、銀，綢緞一類的物資。遇到政治上有困難時，為了獲得支持以鞏固自己的統治，也採取這種辦法。每次賞賜的數目都很大，往往要用掉一年或者半年的收入，國家財政收支的一半甚至全部都給了他們。這些物資是從哪裡來的呢？是從全國人民身上搜刮來的。幾十年光景，造成了「貧極江南，富誇塞北」的局面。這樣的統治使老百姓活不下去了，他們就起來鬥爭，改變這個局面，所以提出了這樣鮮明的口號。

紅軍初期的主要領導人韓山童，是傳佈白蓮教起家的（他家裡世世代代都是傳佈白蓮教的）。由於通過宣傳白蓮教，通過宗教迷信活動可以組織一部分力量，於是他就提出「明王出世」「彌勒降生」的口號。

明王是明教的神，也叫「明尊」或「明使」。明王出世的意思是光明必然到來，光明一到，黑暗就給消滅了；最後人類必然走上光明極樂的世界。彌勒是佛教裡的著名人物。傳說在釋迦牟尼滅度（死）後，世界就變壞了，種種壞事全部出現，人的生活苦到不能再苦。幸得釋迦牟尼在滅度前留下一句話，說再過若干年，會有彌勒出世。這佛爺一出世，世界立刻又變得好起來：自然界變好了；人心也變慈善了，搶着做好事，太太平平過日子；種的五穀，用不着拔草翻土，自己會長大，而且下一次種有七次的收成。這種宗教宣傳，對當時受盡苦難的農民產生了深刻的影響，他們希望有人來解救他們。所以，在廣大農民中間，白蓮教就用「明王出世」「彌勒降生」這樣的口號作為號召來組織鬥爭力量。

這種宗教宣傳對農民能夠發生作用，可是對知識分子就不能夠發生作用了，特別是一些念四書、五經的儒生不相信這一套。因此，對他們必須有另外一種口號。紅軍的領袖們就利用一些知識分子對元朝統治的不滿，對宋朝懷念的心情，提出了「復宋」的口號。他們假託自己是趙家的子孫。韓山童是河北人，起兵之後被元朝政府殺害，他的兒子韓林兒跑掉了。以後劉福通就利用元朝政府治理黃河的機會組織反元鬥爭。當時黃河氾濫成災，元朝政府用很大力量調了很多民夫、軍隊來做黃河改道的工作。民夫和軍隊都集中在一起，劉福通就乘機組織民工發動反元鬥爭。軍事行動開始之後，他們就假託韓林兒是宋徽宗的第九代子孫，劉福通是南宋大將劉光世的後代。他們以恢復宋朝的口號來團結一部分知識分子。所以紅軍有兩套口號：一方面宣傳「明王出世」「彌勒降生」來團結和組織農民；另一方面以恢復宋朝政權相號召，團結社會上有威信的知識分子。而中心則是階級鬥爭，推翻剝削階級。

劉福通起兵之後，聲勢很大，得到了各個地方的響應。在江蘇蕭縣有芝麻李起兵響應；安徽鳳陽有郭子興起兵響應，一下子就發展到幾十萬軍隊。他們從山裡把韓林兒找出來，讓他做了皇帝，建立了統治機構。同時分路出兵攻打元朝：一支由華北打到內蒙，以後東佔遼陽，轉入高麗；另一支打到西北；還有一支打到四川。

以上講的是東部紅軍的情況。

西部紅軍的主要領導人叫彭瑩玉，他是一個和尚，原來在江西袁州組織過一次武裝起義，失敗以後，就跑到淮水、漢水流域，秘密傳教，組織力量。後來他找到徐壽輝，組織武裝力量，進行反元鬥爭。徐壽輝被他的部下陳友諒殺掉以後，西部紅軍的主要領導人就是陳友諒。此外，徐壽輝的另一個部將明玉珍跑到四川，在那裡也建立了政權。

從二十年的長期戰爭中，我們可以看出這樣幾種基本情況：

第一，不管是東邊韓林兒這一支，或者是西邊陳友諒這一支，他們遇到的最堅強的敵人不是元朝的軍隊。這時元朝軍隊已經失去了建國初期那種勇敢、彪悍的特徵，軍官也罷，士兵也罷，都腐化了，不能打仗了，在與紅軍作戰時，往往是一觸即潰。既然元朝軍隊不能打仗，為甚麼戰爭還能延續二十年呢？原因就在於堅決抵抗紅軍的是一些地主階級的武裝力量。這些武裝力量，元朝政府稱為「義軍」。這些力量很強大，最強的有察罕帖木兒、擴廓帖木兒父子所領導的一支；此外，李思齊、張思道、張良弼、張良臣等也都很有實力。至於小的地主武裝就舉不勝舉了。這些地主武裝為甚麼這樣堅決地反對農民起義呢？因為紅軍堅決反對階級壓迫。應該說當時的農民革命領袖並沒有消滅地主階級的思想，若要把現代人的意識強加於古人，那是錯誤的。那個時代的人不可能有消滅地主階級的思想，但是，他們恨地主階級，因為他們世代受地主階級的剝削、壓迫，現在他們自己有了武裝力量，就要對這些地主階級進行報復。在這種情況下，各地的地主階級都組織力量來抵抗紅軍。其中最強的是察罕帖木兒和李思齊這兩支力量。所以，紅軍在幾路出兵的千里轉戰中，所遇到的主要敵人不是元朝的正規軍，而是這些地主階級的武裝。在紅軍遭到這些地主武裝的頑強阻擊而受到損失之後，元朝政府就承認這些地主武裝，封給察罕帖木兒、李思齊、張思道、張良弼、張良臣及其部隊以官位和名號。

一方面是紅軍，他們要改變「貧極江南，富誇塞北」的局面；另一方面，頑強抵抗紅軍的主要是地主階級的武裝力量，其中數量最多的是漢人地主的武裝力量。這就是從一三四八年到一三六八年二十年戰爭中的第一個基本情況。

第二，在二十年的鬥爭中，儘管起義的面很廣，戰爭區域很大，軍事力量發展得很快，但是始終沒有形成統一的指揮。不管是劉福通這個系統，還是徐壽輝這個系統，都是各自為政，互不配合。儘管在戰爭的過程中，東邊的勝利可以支持西邊，西邊的勝利可以支持東邊，可是戰略上沒有統一的部署，缺乏統一的領導。不只是東邊這一支和西邊這一支二者之間出現這種情況，就是在劉福通領導下的軍事力量也是這樣。軍隊從幾路分兵出發，不能採取通盤的步驟，而是你打你的，我打我的。儘管他們也有根據地（劉福通建都開封，陳友諒建都武漢），但是在當時交通不便的情況下，前方和後方的聯繫很差，這支軍隊和那支軍隊之間的情況互不了解。儘管他們的軍事力量都很強大，一打起仗來往往是幾百里、幾千里的遠征，所到的地方都能把敵人打敗，所消滅的敵人也很多，可是並不能把所佔領的地方安定下來，沒能建立起各個地方的政權。因此紅軍走了之後，原來的蒙古和漢人地主的聯合政權又恢復了。最後，這幾支軍隊都由於得不到後方的接濟，得不到友軍的配合而逐個被消滅了。他們雖然失敗了，但在歷史記載上很少發現有投降元朝的，絕大多數都是戰鬥到最後。相反，不屬於紅軍系統的那些反元力量，像浙江東部的方國珍（佃戶出身），以蘇州為中心的張士誠（販私鹽的江湖好漢出身），他們也是反抗元朝的，也都有自己的政權，建號稱王，可是在頂不住元朝的軍事壓迫的時候，就投降元朝，接受元朝的指揮。過一個時期看到元朝軍事力量不行了，又起來反對元朝。方國珍也罷，張士誠也罷，都這樣經常反覆。他們雖然反對元朝，但並沒有像紅軍那樣提出政治的、宗教的階級鬥爭口號。在二十年戰爭中，最後取得勝利的不是這些人，而是在韓林兒的旗幟下成長起來的朱元璋。

朱元璋出身於紅軍。他家裡很窮苦，沒有土地。從他祖父起，就經常搬家，替地主幹活。最後，他父親在安徽鳳陽（當時的濠州）的一個小村子裡落了戶。朱元璋小的時候給人家放牛羊，以後因為遇到荒年，瘟疫流行，他的父母、哥哥都死了，他自己沒有辦法生活，便在廟裡當了和尚。廟裡是依靠地租過活的（過去寺院裡都有大量的土地），遇到荒年，寺院裡也收不到租，當和尚也還是沒有飯吃。朱元璋只好出去化緣、要飯，他在淮水流域要了三年飯。這三年要飯的生活與朱元璋一生的事業有很大的關係。因為我們上面講到的彭瑩玉就是在這一帶通過宗教宣傳，組織反元鬥爭的，這樣，朱元璋就不能不受到他的影響。同時，這三年的流浪生活也使朱元璋熟悉了這一帶的地理、山川形勢和風俗民情。三年後，朱元璋重新回到廟裡，這時，濠州的郭子興已經起兵，成為紅軍的將領之一。因為朱元璋和紅軍有來往，元朝政府就很注意他，他的處境很危險。但這時朱元璋還很彷徨，兩條道路擺在面前：是革命呢還是反革命呢？經過一番考慮，最後他還是投奔了紅軍，在郭子興的部下當了一名親兵。朱元璋自己後來寫文章回憶，說他當時參加這個鬥爭並不很堅決，而是顧慮很多的。參加了郭子興的部隊以後，他很勇敢，也能夠出主意，能夠團結一些人。後來成了郭子興的親信，郭子興就把自己的養女馬氏許配給他，這樣他就成了郭子興的女婿，軍隊裡稱他為朱公子。朱元璋在反元鬥爭中用計謀襲擊了一些地主武裝，把這些地主武裝拉了過來。同時，他又回到自己的家鄉去吸收了一批人，當時有二十四個人跟他參加了紅軍，以後都成了有名的將領，開國名將徐達就是其中之一。郭子興死了之後，朱元璋代替了郭子興，成為韓林兒旗幟下的一支軍事力量的將領。這時，他的力量還並不強大。那麼，他為甚麼能夠贏得戰爭的勝利，取得全國的政權呢？有這麼幾個因素：

第一個因素是正當朱元璋開始組織軍事力量時，劉福通部下的紅軍正在跟元朝的軍隊作戰，元朝軍隊顧不上來打朱元璋。朱元璋佔領區的北面都是紅軍，這樣，就把他的軍隊和元朝的軍隊隔開了。所以，當紅軍和元朝軍隊作戰時，朱元璋可以趁此機會壯大自己的武裝力量，佔領許多城市。

第二個因素是他取得了地主階級知識分子的支持。他起兵之後不久，就有一些知識分子投奔他，像李善長、馮國用、劉基、宋濂、章溢、葉琛等。這些人都是浙江、安徽地區的地主階級知識分子，在地方上有些威望，而且都有武裝力量。這些知識分子替朱元璋出主意，勸他搞生產、搞屯田。在安徽時，朱升勸他「高築牆、廣積糧、緩稱王」。這就是要他先把根據地搞好，在後方解決糧食問題，一開始不要把目標搞得太大。李善長、劉基勸他不要亂殺人，不要危害老百姓，要加強軍隊紀律，要鞏固佔領的城市；並經常把歷史上成功的經驗和失敗的教訓告訴他。朱元璋本人也很用功地學習歷史，他在進行軍事鬥爭或政治安排時，總是要徵求這些人的意見，研究歷史上的經驗教訓。

這裡有一個問題，朱元璋出身於紅軍，他反對地主，地主階級為甚麼要支持他呢？這不是一個很大的矛盾嗎？要了解這個問題，必須從當時的具體歷史情況來看。朱元璋本人要打擊地主，因為他受過地主階級的壓迫。可是在進行軍事鬥爭的過程中，他感到光像過去那樣打擊地主、消滅地主，不僅很難取得地主階級的支持，而且會遭到地主階級的頑強抵抗。所以，在他還沒有成為一個軍事統帥的時候，他就改變了紅軍的傳統，開始和地主階級合作，取得他們的支持。這是問題的一方面。另一方面，地主階級怎麼願意支持他呢？前面不是說過，紅軍在北上的戰爭中所遇到的最大阻力不是元朝軍隊，而是地主階級的武裝嗎？原因很簡單，就是安徽、浙江地區的地主階級，他們看到元朝政府已經不能維持下去了，他們不能再依賴元朝政府的保護，而他們自己的武裝力量又無論如何也抗拒不了朱元璋的進攻；更重要的是他們了解到朱元璋歡迎他們，採取跟他們合作的方針。他們與其堅決反抗朱元璋而被朱元璋消滅，還不如依靠朱元璋，得到朱元璋的保護，以維護自己的階級利益。所以，當朱元璋派人去請劉基的時候，劉基開始拒絕，可是經過一番考慮之後，最後終於接受了。

朱元璋的軍隊加入了這樣一批力量之後，它的性質逐漸改變了。所以在他後來打張士誠時發佈的宣言中，不但不再承認他自己是紅軍，反而罵紅軍，攻擊紅軍，把紅軍所講的一些道理稱為妖言。儘管這時他在形式上還是接受韓林兒的命令，用韓林兒的年號，他的官爵也是韓林兒封的，但實質上他已經叛變紅軍。到了一三六八年，他已把陳友諒、張士誠消滅，派大將徐達進攻北京，這時又發佈了一個宣言。在這個宣言中像紅軍所提出的「貧極江南，富誇塞北」的口號都沒有了。主要提些甚麼問題呢？夷夏問題。就是說少數民族不能當中國的統治者，只能以夏治夷，不能以夷治夏。他要建立和恢復漢族的統治。在這樣的情況下，戰爭的性質改變了，不再是紅軍原來的階級鬥爭的性質，而是一個漢族與蒙古族的民族戰爭。

一三六八年，朱元璋的軍隊很順利地打下了北京。元順帝跑到蒙古，歷史上稱為北元。元順帝雖然放棄了北京而回到蒙古，可是他的軍事力量並沒有受到太大的損失，還仍然保持着比較強大的軍事力量和完整的政治機構。他並不認為自己統治的王朝已經結束了，他經常派兵來打北京，要收復失地。所以在明朝初年，明朝和北元還有幾次很激烈的戰爭。到了洪武八年（一三七五），北元的統帥擴廓帖木兒死了，蒙古對明朝的威脅才減輕了一些，但仍然沒有結束。這時北元和高麗還保持着密切的關係，高麗的國王還照樣是北元的女婿（每一個高麗國王都要娶蒙古貴族女子做妻子），在政治上仍然依附於北元。這種關係一直維持到洪武二十五年（一三九二）。這一年，高麗內部發生鬥爭，大將李成桂為了取王朝而代之，他依靠明朝的支持，在國內發動政變，推翻了舊的王朝，建立了一個新的朝代。從此，高麗臣服於明朝。同時，李成桂在求得明太祖的同意之後，把國名高麗改為朝鮮。此後一直叫朝鮮，不再稱高麗了。朝鮮國內的政治變革，反映了明朝和北元的鬥爭關係和勢力的消長。

總結上面所說的歷史情況，得到這樣的結論：經過二十年長期的戰爭，一方面是紅軍（包括東、西兩部分）和非紅軍（像方國珍、張士誠）；另一方面是元朝軍隊，更重要的是各個地方的漢人地主武裝力量。在戰爭過程中這些漢人地主武裝大部分被消滅了。也由於二十年的長期戰爭，各地人口大大減少，土地大量地荒廢。因此，一三六八年明太祖建國之後，他就不能不採取一些措施，改變這種情況。一個以農業為主要生產手段的國家，農業生產得不到保證，它就不能維持下去。因此，在明朝初年採取了一系列的辦法：

第一，大量地移民。例如移江浙的農民十四萬戶到安徽鳳陽，遷山西的一部分人口到河南、河北、安徽去。移民的數量是很大的，一移就是幾萬家，甚至十幾萬家。遷移的民戶到了新的地方之後，政府分配給他們土地。這些土地是從哪裡來的呢？就是一些在戰爭中被消滅的大地主的土地和無主荒地。此外，政府還給耕牛、種子、農具，並宣佈新開墾的荒地幾年內不收租，鼓勵他們的生產積極性。

第二，解放匠戶。元朝有所謂匠戶制度。成吉思汗定下了這樣一種辦法：每打下一個城市之後，一般的壯丁都殺掉，但是有技術的工人，無論是銅匠、鐵匠或其他行業的工匠都保留下來。把每個大城市的技術工人都集合在一起為官府生產，這些人就稱為匠戶。這些匠戶幾乎沒有人身自由，世世代代為官府服役。明太祖把他們部分地解放了，給他們一些自由，鼓勵他們生產。匠戶數目很大，有幾十萬人。

第三，凡是戰爭期間，農民的子弟被強迫去當奴隸的，一律解放，給予自由。這樣，增加了農業生產的勞動力。

第四，廣泛地鼓勵農業生產。明太祖採取了很多措施：規定以各地農業收成的好壞作為考核地方官工作成績的重要標準之一，地方官每年要向中央報告當地人口增加多少，農作物的產量增加多少；大力鼓勵農民種植桑樹和棉花，規定每一戶的土地必須種多少棉花、多少桑樹和果樹，而且用法令規定：只要能夠種棉花的地方就必須種棉花，能夠種桑樹、果樹的地方就必須種桑樹、果樹。這樣，農民的副業收入增加了。關於朱元璋鼓勵種棉花的措施值得特別提一下。在朱元璋以前，更具體地說，在一三六八年以前，我們的祖先穿的是甚麼衣服呢？有錢的人夏天穿綢、穿緞，冬天穿皮的（北方）或者穿絲綿。老百姓穿的是甚麼呢？穿的是麻布。有一本看相的書，就叫《麻衣相法》。當時棉花很少，中國自南北朝的時候就有棉花進口，但數量少。到宋朝時棉布還是很珍貴。可是到了明太祖的時候，由於大力提倡種植棉花，以及當時由於種種原因，紡紗、織布的技術提高了，因而棉布大量增加。這樣，我們祖先穿的衣服就改變了，過去平民以穿麻衣為主，現在一般人都能穿上棉布衣服，並且形成了幾個產棉區和松江等出產棉布的中心。也是在這個時期，棉花種子從中國傳入了朝鮮，結果在不太長的時間內，朝鮮人也穿上了棉布衣服。

在農業生產發展、農業經濟恢復的基礎上，朱元璋採取了支持商業的方針。在南京和其他一些地方，都專門為商人蓋了房子，當時叫作「塌房」，以便他們進行商業活動。

所以，經過從一三四八年到一三六八年的二十年的長期戰爭，由於戰爭延續的時間長，涉及的區域廣，戰爭的情況又極為殘酷，使得社會上人口死亡很多，荒蕪了很多土地。但是，經過洪武時期二十多年的努力以後，社會生產逐漸恢復並發展了，經濟繁榮了。

那麼，最後，問題歸結到甚麼地方呢？朱元璋的政權依靠誰呢？

上面說過，元朝的大地主在戰爭中基本上被消滅了，在這種情況下，土地關係發生了重大的變化：第一種情況，過去土地比較集中，一個大地主佔有很多土地，擁有很多莊園。現在這些大地主被消滅了，他們的土地被分配給了無地、少地的農民，或者是新來的移民。這樣，一家一戶幾畝地，土地分散了，這是基本的情況。土地分散的後果是甚麼呢？在政治上是階級矛盾的緩和。原來那些人口密度很高的地區（江蘇、浙江一帶），現在一部分地主被消滅了，一部分人口遷徙出去，留下來的農民有了部分土地，有了一些生產資料，這樣，階級關係就比過去緩和了。第二種情況與這相反，就是那些沒有被消滅的地主，像李善長、馮國用、劉基、宋濂這些人，他們原來的土地不但保留下來了，而且有了發展。他們大都成為明朝的開國功臣，做了大官。第三種情況是出現了新的地主階級。像朱元璋回家招兵時，跟他出來的二十四個人後來都成了他的大將、開國功臣，朱元璋給他們封公、封侯。這些人在政治上有了地位，經濟地位也跟着提高了。明朝初年分配土地的結果，他們都成了新的地主階級。

情況這麼複雜，那麼整個説來，農民的土地問題解決了沒有呢？沒有解決。封建剝削還是存在，農民還是要向地主交租，還是受地主階級的壓迫，在某些地方甚至還有所加強。明太祖是紅軍出身，是反對地主階級的，現在他自己成了全國最大的地主。因此，就發生了前面所提到的那種情況：明太祖建國之後，農民的反抗鬥爭就隨之開始，一直到明朝滅亡。甚麼原因呢？因為階級關係沒有改變，土地問題沒有解決。但是由於元末大地主階級的土地分散的結果，使得在一定的歷史時期內，某些地區的階級鬥爭有所緩和。在這個基礎上才有可能出現以後的鄭和下「西洋」的事情。

上面所說的，牽涉到最近史學界討論的一個問題，就是農民起義能不能建立農民政權的問題。這個問題有不少爭論，涉及所謂皇權主義問題。中國的農民有沒有皇權主義？有的人說有，有的人說沒有。我們現在從朱元璋這個具體的人，以及從當時的具體歷史事實來研究這個問題。我想，可以得出這樣的結論：歷史上任何農民戰爭最後必須要建立一種政權。政權有大有小，有的農民起義領袖自稱為將軍，因為他只知道將軍是最大的；有的自稱為「三老」；有的稱王；有的稱皇帝。他們能不能採取別的稱號呢？能不能不利用這些當時實際存在的、為大家所熟悉的名稱，而採取跟當時歷史實際沒有關係的名稱呢？或者說農民有沒有這種可能，就是他們在建立政權時，不採取他們所反對的政權形式，而另外創立一種跟原來的政權完全不同的政權形式呢？沒有！他們只能稱將軍，稱三老，稱王，稱帝，不可能稱幾百年、幾千年之後的蘇維埃共和國，不可能稱總統或者主席。

因此，在談到農民革命能不能建立政權的問題時，結論只能是：(1)它必然要建立政權。沒有政權怎麼辦事？大大小小總要有一個機構；(2)它組織的政權跟當時現行的政權不可能完全相反，它只能運用它所熟悉的東西，而不能採取它所不知道的東西；(3)這個政權不可能是為農民服務的政權。因為它為了使自己能夠長期存在下去，所能採取的辦法只可能是封建國家壓迫農民的辦法，而不可能有其他辦法。如果它要真正成為農民自己的政權，它就必須解決這樣的問題：推翻地主階級的統治，實行土地革命。但是這樣的思想認識，在長期的封建社會裡是不可能有的，任何國家的封建社會都沒有發生過。它只能對個別地主進行報復，你這個地主欺侮過我，殺了我的人，我現在也把你殺掉，把你的房子燒掉，把你的東西搶來。這些都是可能做到的，但是要把整個地主作為一個階級推翻，這在當時是不可能的。要知道，「反封建」這種口號的提出，還是近代的事情。而且就是在今天世界各國，除了我們已經完成了這個任務之外，還有很多地區沒有解決這個問題。印度也算是一個共和國，但是它不反封建，印度的地主階級照樣存在。我們不能以十九世紀、二十世紀才出現的思想去要求封建社會的農民。而且從理論上來說，農民政權要建立起來，而且要鞏固下去，它的收入從何而來？它的財政開支從何而來？那時沒有現代化的大工業，國家財政開支只能取之於農民，除此之外，別無出路。所以，它只能採取封建國家對農民壓迫的形式，而不可能有別的形式。因此，歷史上所有的農民革命沒有例外地在它取得政權之後，必然變質，他們從反對地主階級開始，結果是自己又變成了地主階級，新的地主階級代替舊的地主階級。這就是歷史上農民革命不斷起來的根本原因。

在土地比較分散的基礎上，尤其是在這樣一個空前的大國的情況下，朱元璋建立了一個高度中央集權的政權。關於政治機構問題，當時要完全改變明朝以前的政治機構，既不容許這樣做，也沒有必要這樣做。元朝的中央政權機構有中書省（相當於我們現在的國務院），中書省的長官有左丞相、右丞相、平章、參知政事等。中書省下面有管具體事情的各部。為了統治全國，元朝政府把中書省分出一部分到地方，代表中央管理地方工作，叫行中書省，簡稱行省。行省的職權很大，民政、財政、軍事一切都管。掌管監察的機關叫御史台，地方有行御史台，簡稱行台。在這樣的情況下，發生了權力分散的問題。所以後來元朝政府對地方的統治愈來愈弱。明朝初年（洪武元年到洪武十三年）繼承了元朝的這個制度，中央還設有中書省，地方上設立行中書省。這就是上面所說的，農民革命不能創造出新的東西來，它只能模仿和繼承已有的東西。

這種局面給朱元璋提出了一個問題，就是如何鞏固和加強自己的統治問題。明初政權逐漸產生了很多矛盾：第一，明朝的政權是地主階級的政權，但明初地主階級分為舊地主和新興地主兩派。朱元璋起兵於淮河流域，而劉基等則是參加了紅軍的江浙地主。兩個地主集團之間存在着矛盾。當時有一首詩說：「城中高髻半淮人。」衣服穿得漂亮的、有錢的，多是兩淮流域的人。兩淮流域新興的地主階級、官僚貴族，絕大多數不但擁有廣大的莊園，而且還有大量的奴隸、家丁。有些將軍還有假子。假子是朱元璋興起的辦法。他在起兵時把一些青年收作自己的兒子，像沐英、李文忠都是他的乾兒子，也是他手下最有名的將領。他往往在派一個將軍出去作戰時，同時派一個假子去監視。在這種作風的影響下，他下面的許多將軍也有很多假子，他們擁有武裝力量，有土地，有很多奴隸。這樣，就形成許許多多小的軍事力量。他們往往不遵守政府的規定，違法亂紀。明太祖要把這些勞動力放在國家的控制下，他們卻要放在自己的莊園裡。這是第二個矛盾，兩淮流域新興的地主集團和國家，即和朱元璋的統治之間的矛盾。這兩個矛盾從一三七九年到一三八一年逐步展開。兩淮流域地主集團的代表人物胡惟庸在這個鬥爭中被殺了。除了上面所說的兩個矛盾之外，還有第三，胡惟庸個人和朱元璋之間的矛盾，這是君權和相權之間的矛盾。皇帝應該管甚麼事，宰相應該管甚麼事，歷史上沒有明文規定過。在設置中書省的情況下，許多事情都由中書省掌握，中書省認為這件事情有必要請示皇帝就請示，認為沒有必要請示的，就自己辦了。胡惟庸這個人有野心，也很有才能，他在中書省多年，排斥了一些人，也提拔了一些人，造成他在中書省的強固地位。有許多事情他自己辦了，明太祖根本不知道，之後明太祖發現了就很生氣。這樣，矛盾就發生了，而且日益尖銳。洪武十三年（一三八〇），這三個方面的矛盾終於全面爆發。按照明朝的規定，軍隊指揮權掌握在皇帝手中。這樣，明太祖在這個鬥爭中取得了勝利，他假借一個罪名把胡惟庸殺了，還牽連殺了不少人。

胡惟庸被殺以後，明太祖根本改變了元朝以來的中書省、行中書省制度，取消了中書省。而且立了個法令，規定以後子子孫孫都不設宰相這個官。誰來辦事呢？把原來中書省下面的六個部（吏、戶、禮、兵、刑、工）的地位提高，來管理全國的事情，直接對他負責。結果他自己代替了過去的宰相，相權和君權合而為一，大大加強了中央集權。在地方上則取消了行中書省，把原來行中書省的職權分開，即民政、司法、軍事分別由三個機構管理：布政使司（主管官叫布政使）管民政、財政，按察使司（主管官叫按察使）管司法，都指揮使司（主管官叫都指揮使）管軍事。這三司都直接對皇帝負責。這種把一切權力都攬在皇帝個人手中的高度集權的狀況，是在明朝以前沒有過的。所以，封建專制主義經過一千幾百年的發展，到了朱元璋的時候，形成了一個歷史上從來沒有過的高度中央集權制的政治系統。這樣的政治制度跟當時的土地形態基本上是相適應的。過去土地很集中，皇帝權力的支柱是大地主。現在土地分散了，朱元璋依靠誰呢？依靠糧長。他收糧時，不是採取各地方官收糧的辦法，而是採取糧長制。即某一個地方，誰的土地最多、納糧最多，誰就當糧長。每年收糧萬石的地區就派納糧最多的地主四人當糧長，由糧長負責這個地區租糧的收運。政治制度的這種改變，適應了土地比較分散的情況，也保證了朱元璋的經濟收入。因此，他對糧長很重視，每年都把這些人召到南京去，親自接見，和他們談話。發現了其中某些有能力的人，就提拔他們。他的政權依靠甚麼呢？就依靠這些人。他的統治基礎就在這裡。所以，明朝初年相當長的一個時期內一些官職的任用是來自糧長。糧長之外，各地還有很多富戶和耆民，朱元璋也經常把他們找來，發現有才能的，就任用他們為官。所以，他的政權是以中小地主作為支柱的。政治機構的這種發展變化，是和當時的土地形態、經濟關係相適應的。

可是，在這樣高度集權的情況下又發生了另一個新問題：皇帝到底是一個人，不是機器，甚麼事都要自己管，甚麼報告都得看，國家這麼大，事情這麼多，他怎麼管得了呢？他只有每天看公文，變成文牘主義者。我曾給他做過統計，從洪武十七年（一三八四）九月十四日到二十一日，八天內他收的文件有一千六百六十六件，計三千三百九十一件事情。他平均每天要看兩百份文件，處理四百多件事情。這怎麼可能長久搞下去呢？非變成官僚主義者不可。因此就發生了這樣的矛盾：一方面他非看文件不可，怕別人欺騙他；另一方面，愈看愈煩，特別是那些空泛的萬言書，更使他惱火。有一次，一個官員上了一份萬言書，他看了好幾千字，還沒有看出甚麼問題，生了氣，就把這個官員找來打了一頓屁股。打完之後又叫人繼續念這個報告，念到最後五百字才提出一些問題，提出幾條建議，而且還不錯，這才知道打錯了人。第二天，他向那個官員承認錯誤，他說：不過你的文章不該寫這麼長，最多寫五百字就夠了，為甚麼要寫一萬字呢？所以他就發起了一個反對文牘主義的運動，提出了一個寫文章的格式，要求簡單，講甚麼事就寫甚麼事，不要東扯西拉，從上古說到今天，沒完沒了。他希望通過這個辦法使自己能夠處理實際事務，結果還是不行。他一個人怎麼能管那麼多的事？以後他又另外想了個辦法，找了一些有文才，能辦事的五品、六品官到內閣來做機要秘書，幫他做事。為了勉勵這些人，就給他們一個稱號，叫作大學士，上面加上宮殿名稱，如武英殿、文淵閣、東閣、文華殿等等。這時，內閣還只是宮殿的名稱，不是政治機構的名稱。因為這些人是在內廷裡辦事，所以就叫殿閣大學士。後來，明成祖的時候，把這個辦法制度化了，國家大事都集中在內閣辦。內閣大學士在這裡辦事愈久，政治權力就愈大，官位就愈高，有的做到六部的尚書。這樣，內閣大學士雖然沒有過去丞相的名稱，但事實上等於宰相，入閣也就是拜相。內閣大學士中的第一名稱為首輔，就是第一個輔助皇帝的人。這時，內閣便正式成為政治機構了。

這個改變，在歷史上是個很大的改變。皇帝的權力高度集中，提高了六部的地位，以後又設立內閣，明朝一直繼承着這個制度，清朝也實行這個制度。所以，在政治制度上清朝是繼承了明朝的。

隨着經濟的發展變化，土地佔有形態也發生了變化。明朝前期土地比較分散，經過幾十年之後，土地又慢慢集中了，到了明朝中葉，土地集中的情況已經很嚴重。到了萬曆時，土地集中到這樣的程度，在張居正的信件裡有一份材料，說江南一個大地主擁有土地七萬頃。明朝建國時的土地不過是八百五十萬頃，現在這一家的土地就等於建國時全國土地的百分之一。從明武宗（就是《遊龍戲鳳》中的那個正德皇帝）之後，皇帝大搞皇莊，左佔一塊地，右佔一塊地，北京附近的皇莊就有很多。不但是皇帝搞莊園，就是貴族也搞莊園。嘉靖的時候，封皇子到各地去做親王，有一個親王就有兩萬頃土地。萬曆封福王到河南洛陽，準備給他四萬頃土地。這些土地是從哪裡來的呢？都是從老百姓手裡奪來的。把原來的自耕農變成了親王的佃戶，土地集中愈來愈嚴重，農民的生活愈來愈困難。凡是有皇莊的地方，不但皇莊內部的佃農要受管理皇莊的太監的統治，甚至周圍的老百姓也要受皇莊管事人員的壓迫和各種超經濟剝削，你要過橋就要交過橋稅，要擺渡就要交擺渡稅。京戲《打漁殺家》中有一個蕭恩抗魚稅。明末有一個大地主錢謙益，做大官，文章寫得很好，卻是一個沒有骨頭的人，後來投降了清朝。他佔有幾個湖，要湖邊的老百姓向他交稅，老百姓氣極了，就把他的房子燒了，他的一個收藏了很多古書的「絳雲樓」也被燒掉。所以《打漁殺家》這樣的事在歷史上是有根據的。

由於土地形態的變化，一方面使原來的政治機構不能適應，造成明朝政治上停滯的狀態。明朝後期有這麼兩個皇帝，一個是嘉靖皇帝（明世宗），一個是萬曆皇帝（明神宗），這兩代有共同點：明世宗做了很多年皇帝，但是他經常在宮廷裡，不跟大臣們見面，萬曆皇帝也是如此。鬧得有一個時期，六部很多長官辭了職，沒人管事，他也不管，使朝廷很多問題不能解決。另一方面，由於土地高度集中，也促使農民起義以更大的規模開展起來，最後形成以李自成、張獻忠為首的全國規模的大起義。

（二）明太祖為甚麼建都南京

明太祖之所以建都南京，主要是因為江蘇、浙江、安徽這些地方比過去繁榮，是經濟發達的地區，是糧食和棉花的產區。他建立了中央政權以後，有很多官員和軍隊，這些人吃甚麼呢？這就不能不依靠東南地區的糧食來養活。建都別的地方行不行？不行。以往的朝代建都洛陽、開封、西安，但這些地方交通不方便，糧食也供應不了。為了經濟上的原因，他決定建都南京，可是這樣發生了另外一個問題：軍事上的問題怎麼解決？元順帝雖然跑掉了，但是他的軍事實力並沒有受到嚴重損失，他還保存着相當多的軍隊，並且時時刻刻在想辦法反攻。因此，加強北邊的防禦，防止蒙古的反攻是非常必要的，不這樣做，他的政權就不能鞏固。但是建都在南京，對於在北方進行防禦戰爭就比較困難了。當然，北邊有一道萬里長城，可是長城也要有人守才能發揮作用，因此，必須在北方駐重兵防守。可是把軍隊交給誰呢？交給將軍行不行？不行，他不放心。如果他把十多萬軍隊交給某個將軍，一旦這個將軍叛變，他就沒有辦法了。因此，他採取了分封政策，把自己的兒子封到沿邊地區。第四個兒子燕王朱棣封在北京，其餘的，寧王封在熱河，晉王封在山西，秦王封在陝西，遼王封在遼東，代王封在大同，肅王封在甘肅。這些都叫作塞王，每一個王府都配有軍隊，親王除了指揮自己的軍隊之外，在接到皇帝的命令以後，還可以指揮當地的軍隊，在有軍事行動時，地方軍隊都要接受當地親王的指揮。這樣，就把每一個邊防地區的軍隊都直接控制在中央的指揮之下了。

明太祖一方面建都南京，這樣來解決糧食問題、服裝問題；另一方面派自己的兒子到沿邊地區去鎮守，防止蒙古族南下；而且每年派親信將領到北京來練兵，視察各個地方的軍事情況，指揮軍隊，過一兩年回去，然後又派人來，這樣來鞏固北方的邊防。他自己認為這個辦法是比較穩妥的，但是在他死後，情況發生了變化。他的大兒子早死了，孫子建文帝繼位，當時他的第四個兒子燕王在北京，軍事力量很強大，結果就發生了皇室內部的鬥爭。建文帝依靠的是一些知識分子，這些人認為親王的軍權太大，中央指揮不動，可能發生叛變，像漢朝時候的「七國之亂」一樣。因此，他們勸建文帝削藩，削減親王的權力，把違法亂紀的親王關起來或者殺掉。這樣就引起了各個藩王的恐慌，最後燕王起兵打到南京，南京政權內部發生了變化，有的將軍和親王投降了燕王，建文帝自殺。建文帝被推翻以後，燕王在南京做了皇帝，就是明成祖。可是北方的軍事指揮權交給誰呢？為了解決這個問題，明成祖決定把都城遷到北京。

我們講了明太祖建國的問題。圍繞這個問題，對當前正在爭論的一些問題提出了一些看法，現在就農民戰爭、農民起義到底能不能建立自己的政權的問題進一步提供一點意見。

農民戰爭、農民起義到底能不能建立政權呢？答覆是肯定的。既然農民戰爭是要推翻舊的政權，它必然要建立一個新的政權，這個政權有大有小，有地區性，名稱可以是多種多樣的。但是，這個政權是不是農民自己的政權呢？是不是跟封建地主階級的政權相對立的政權呢？從所有歷史上的農民戰爭來看，不能得出這樣的結論。農民戰爭在建立政權以前，它是要摧毀、衝擊或者削弱舊的地主階級的政權的；但是，等到它自己建立了政權之後，它不可能不根據舊的地主階級政權的樣子來辦事，它不可能離開當時為人們所熟悉的、行之多年的一套政治機構。要知道，摧毀舊的國家機器這樣的理論在《共產黨宣言》裡還沒有提到，是在巴黎公社之後才總結出來的。無產階級革命必須打碎舊的國家機器，建立新的國家機器，是只有在有了科學的共產主義理論，有了巴黎公社的經驗之後才能得出的結論。既然是這樣，中國歷史上的農民戰爭怎麼可能先知先覺，在還沒有巴黎公社的經驗的情況下，就能摧毀舊的國家政權，建立起農民自己的政權呢？這是不可能的。因此，在農民戰爭取得勝利之後，它所建立的政權必然變質。這也是一個歷史規律，無論對誰都是一樣的。漢高祖劉邦還不是變質了，朱元璋還不是變質了！明朝末年，李自成打到北京做了皇帝，他還不是變質了！李自成在進入北京以前，能取得廣大農民支持的原因之一，就是過去明朝政府收租很多，人民負擔很重，他現在不收租了，叫作「迎闖王，不納糧」，以不納糧為號召。可是能不能持久呢？老百姓都不交糧了，他的軍隊吃甚麼？他的政權的經濟基礎、財政基礎放到哪裡？他難道能夠喝空氣過日子？不行，維持不下去。因此，他進北京後沒有待多久就失敗了。即使當時清軍不入關，他的政權也不能延續多長時間，也不能鞏固。因為他沒有生產做基礎，沒有經濟基礎。農民種地不納糧了，對農民來說很好；可是那時候沒有大工業，一旦農民不納糧，不但他的軍隊沒有吃的，連政府的經費也沒有來源了。這樣，政權是不能維持下去的。它要維持下去，也非採取明朝的辦法不可，就是向農民收租。

上面講的是第一個問題。

第二個問題，中國歷史上的農民戰爭有沒有皇權主義。有不少人説俄國的農民有皇權主義，中國的農民沒有，好像中國的農民是另外一種農民。中國的農民沒有皇權主義，那麼他們有甚麼主義呢？任何一次農民戰爭，它要建立一個政權不可能不根據現存的政權來辦事，它不能離開現實。農民起義的領袖們只能夠把當時為他們所熟悉、所理解的政權形式作為自己的政權形式。可是有些人硬要把中國的農民戰爭區別於其他國家的農民戰爭。當然，這個國家和那個國家的農民戰爭是有很多不同之處的。但是，從皇權主義這一點來説，不能不是相同的。理由是它們都不能夠離開現實政治。當時的農民除了他們所熟悉的政權形式之外，不可能創造出當時還不可能有的政權形式來。不只是農民戰爭如此，連舊時代的一些神話、傳說也是如此。大家都熟悉的《西遊記》，孫悟空大鬧天宮，天上的組織形式，玉皇大帝的那一套機構還不是反映了人間的機構。龍宮中龍王老爺的機構同樣不能離開當時的現實，都是當時社會現實的反映。

第三個問題，對明太祖這個歷史人物的評價問題。明太祖這個人到底是好人還是壞人？是應該肯定還是應該否定？當然應該肯定。因為他做了好事，他結束了長達二十年的戰爭混亂局面，統一了中國。統一這件事，在歷史上是了不起的事情。而明太祖的統一中國，在歷史上還有另外一種性質和意義。當時以北京和大同為中心，包括河北、山西及內蒙一部分的這個地區，從唐末以來叫「燕雲十六州」。從唐玄宗天寶末年，具體地說，從公元七五五年起，這個地區發生了「安史之亂」，以後雖然用很大的力量把戰爭結束了，但這個地區還是分裂了，少數民族化了。五代十國的時候，這個地區被一個賣國的奴才皇帝石敬瑭割讓給了遼，從此，北京就成為遼的南京。在遼和北宋對立的時期，北宋從宋太祖起一直到宋神宗，曾經多少次想收復這個地方，幾次出動軍隊，結果都失敗了，沒有能夠統一。北宋末年，金滅掉遼，並繼而推翻北宋政權，這樣，便出現了金和南宋對峙的局面。後來元朝統一了，這時，不但是燕雲十六州少數民族化，而且整個國家都在蒙古族的統治之下。明太祖通過二十年的大規模的農民戰爭，把歷史上長期沒有解決的問題解決了，即把從公元七五五年起，一直到一三六八年長期在少數民族統治或者影響之下的北方廣大地區統一了。過去多少世代沒有能夠完成的任務，到明太祖完成了，這是一個很大的歷史功績。所以，從那個時候起，北京一直是中國的政治中心，在這樣的基礎上，我們中華人民共和國才有條件建都北京。

其次，朱元璋統一中國之後，採取了許多鼓勵生產的措施。因而，三十多年以後，人口慢慢增加了，開墾的土地面積也慢慢擴大了。到他晚年的時候，全國已開墾的土地有八百多萬頃，合八億多畝。今天我們的耕地是多少呢？大概是十六億畝，也就是說，明太祖時期的耕地相當於我們現在的一半。人口增加了，耕地擴大了，生產發展了，人民生活也比過去好了，這應該說是他做了好事，在歷史上起了進步作用。

還有一點，他建立了一個高度的封建中央集權的國家。這樣一種政治制度，明清兩代基本上沒有甚麼改變。

因此，我們可以得出這樣一個結論：明太祖在歷史上是一個有地位的、了不起的人物，是應該肯定的。

反過來說，這個人是不是一切都好呢？不是的，他有很多缺點，做了不少壞事。不要說別的，我們就舉這樣一條：他定了一些制度，寫成一本書叫《皇明祖訓》。定制度是可以的，可是有一點，他不許他的後代改變。這個做法就有了問題，時代變了，情況不同了，可是老辦法不許改變，用老辦法適應新形勢。這樣，就影響到以後幾百年的發展，把後代的手腳都捆住了。蔣介石有一句話，叫作「以不變應萬變」。明太祖就是這樣，以不變應萬變。這是一種唯心主義的辦法，很不合理。以後在政治上、經濟上往往不能不改變，可是又不敢改變。原因何在？就是被這個東西捆住了。他定了這樣的制度：把他的兒子封為親王，封在那個地方以後，國家給這個親王多少畝土地，每年給多少石糧食。這個制度定下來以後，過了一百多年，中央政府就不能負擔了。像河南省徵收來的糧食，全部給明太祖封在河南的子孫都不夠，成為當時最大的一個負擔。到了明朝末年，朱元璋的子孫有十幾萬人，這些人一不能做官，二不能種地，三不能搞手工業，四不許做生意，只能坐在家裡吃飯，而且要吃好飯。這樣，國家就養不起了。當然，他在其他方面的缺點還很多，我們今天不能做全面的評論。

現在我們講第一部分的第二個問題。

明成祖遷都北京

上一次講了明太祖定都南京。到了第三代明成祖（十三陵長陵埋的那個皇帝）時，把朝廷搬到北京來了。這件事情在歷史上有甚麼意義？他當時為甚麼非遷都不可？

前面講到，明太祖的軍隊打到北京以後，元順帝跑掉了，元朝失去了在長城以內地區的統治權。儘管如此，元順帝的軍事力量、政治機構都還存在。因此，他經常派遣軍隊往南打，要收復失地。他認為這個地方是他的，他們已經統治了八九十年。而當時明朝的都城是在南京。為了抵抗蒙古的進攻，明太祖只好把他的許多兒子封在長城一線做塞王。可是現在情況變了，明成祖自己跑到南京去了；此外，原來封在熱河的親王叫寧王，寧王部下有大量蒙古騎兵。明成祖南下爭奪帝位之前，先到熱河，見到寧王就綁票，把寧王部下的蒙古騎兵都帶過來了。他利用這些蒙古騎兵作為自己的軍事主力，向南進攻取得了勝利。從此之後，他就不放寧王回熱河，而把他封到江西去。這樣一來，在長城以北原來可以抵抗蒙古軍進攻的力量便沒有了。原來他自己在北京，現在自己到了南京，因而就削弱了明太祖時代防禦蒙古軍進攻的力量，防禦線有了缺口，頂不住了。因此，他不得不自己跑到北京來指揮軍隊，部署防禦戰。因為他自己經常在北京，當然政府裡的許多官員也都跟來北京，北京慢慢變成了政治中心。於是他開始修建北京，擴建北京城，大體上是根據元朝的都城來改建的。元朝時北京南邊的城牆在哪裡呢？在現在的東西長安街。明朝就更往南了，東西長安街以南這個地區是明朝發展起來的。德勝門外五里的土城是元朝的北城，明朝往南縮了五里。明成祖營建北京是有個通盤安排的，他吸取了過去多少朝代的經驗，所以街道很整齊，幾條幹線、支線把整個市區劃成許多四四方方的小塊，有比較完整的下水道系統，有許多中心建築。從明成祖到北京以後，前後三十多年，重新把北京建成了，和這個時期的世界各國比較，北京是當時世界各國首都中建築比較合理、有規劃的、最先進的城市，沒有哪一個國家的首都比得上它。有人問：北京還有外城，外城是甚麼時候建築的？外城的修建比較晚，是在公元一五五〇年蒙古軍包圍北京的緊急情況下，為了保衛首都才修建的。但是因為這個工程太大，只修好了南邊這一部分，其他部分就沒有修了。至於現在的故宮、天壇那些主要建築，也都是在那個時代打下的基礎。應該說明，現在的故宮並不是原來的故宮，認為明成祖修的宮殿一直原封未動地保留到現在是錯誤的。故宮曾經經過多次的擴建和改修，過去三大殿經常起火，燒掉了再修，起火原因很簡單，就是太監放火。宮廷裡有許多黑暗的事情，太監偷東西，偷到不可開交的時候，事情包不住了，就放火一燒了事，燒掉了再修，反正是老百姓出錢。明清兩代宮廷裡經常鬧火災就是這個道理。故宮的整個建築面積有十七萬平方米左右，光修故宮就用了二十年的時間。我們人民大會堂的建築面積是十七萬四千多平方米，比整個故宮的有效面積還大，明朝修了二十年，我們只修了不到一年的時間，這個比較是很有意思的。由於從明成祖一直到明英宗連續地營建北京，政治中心就由南京轉到北京來了，北京成為國都了。

以北京作為一個政治、軍事的中心，就近指揮長城一線的軍事防禦，抵抗蒙古族的軍事進攻，保證國家的統一，從這一點來說，明成祖遷都北京是正確的。如果他不採取這個措施的話，歷史情況將會怎樣，就很難說了。

即使明成祖遷都北京，並集中了大量的軍隊在這裡，但在明朝歷史上還是發生了兩次嚴重的軍事危機。一次是在公元一四四九年，一次是在一五五〇年，中間只相隔一百零一年。

第一次危機叫「土木之役」。土木是甚麼意思呢？在今天官廳水庫旁邊的懷來縣，有一個地方叫土木堡。當時蒙古有一個部族叫瓦剌，它的領袖叫也先。也先帶兵來打明朝，他的軍事力量很強大，從兩方面進攻，一方進攻遼東，一方攻打山西大同。那時明朝的皇帝英宗是個年輕人，完全沒有軍事知識，他相信太監王振，王振也是完全沒有軍事知識的。王振勸他自己帶兵去抵抗，他就糊裡糊塗帶了五十萬大軍往當時正被瓦剌部隊包圍的大同跑。還沒有到那裡，大同的鎮守太監郭敬就派人來向皇帝報告，說那裡情況很嚴重，不能去，於是就班師回朝。王振是河北蔚縣人。他想要英宗帶着五十萬大軍到他家鄉去玩玩，顯顯自己的威風。剛出發，他又一想，五十萬大軍所過之處，莊稼不就全踩完了！對自己的利益有損害，又不願去了。這樣來回一折騰，走到土木堡這個地方，敵人就追上來了。當時正確的辦法應該是進入懷來城內堅守，下面的將軍也要求進城，王振不幹，命令部隊就地紮營。但是這個地方附近沒有水源，不宜於堅守，結果五十萬大軍一下子被敵人全部包圍了，造成了必敗的形勢。在這個高地上待了兩天，五十萬人沒吃沒喝，到第三天他讓部隊改變營地，部隊一改變營地，敵人就趁機衝鋒，結果全軍覆沒，皇帝被俘虜了，王振也死於亂軍之中，造成了很嚴重的軍事危機。這是歷史上最不光彩、最丟人的一次戰爭。

這時候北京怎麼辦呢？沒有皇帝，五十萬大軍全部被消滅了，北京只剩下一些老弱殘兵，情況很緊張，許多官員紛紛準備逃難，家在南方的主張遷都南京，認為北京反正守不住了。在這種情況下，比較有見解的兵部侍郎（相當於現在的國防部副部長）于謙，反對遷都，他認為北京能夠守住，如果遷都到南京去的話，北方沒有一個政治中心，那麼整個黃河以北的地區便都完了。他堅決主張抵抗，反對逃跑，他的主張得到了人民的支持，也得到了明英宗的兄弟郕王（不久即帝位，就是明景帝）的支持，於是就由于謙負責，組織北京的保衛戰。于謙組織了軍事力量，安排了防禦工作，跟人民一起保衛北京；並且在政治上提出了一套辦法，他告訴所有的軍事將領說：我們現在已經有了皇帝，要堅守地方。這樣，加強了全城軍民保衛北京的決心。果然，也先把俘虜去的明英宗帶到城外誘降，說：你們的皇帝回來了，趕快開門。他以為這樣可以不戰而取得北京城，但是守城的官兵們依照于謙的指示，堅決地回答說：我們有了新的皇帝了。各地方都是堅決抵抗，沒有一個受騙的，結果英宗在也先手裡成了廢物，不能起欺騙作用了。由於依靠了人民群眾，北京的保衛戰取得了勝利。這時，各地的援軍也不斷前來，也先見佔不到便宜，便只好退兵。這樣，北京保衛住了，整個黃河以北的地區保衛住了。

明英宗在也先手裡起不了作用，有人就替也先出主意：明朝的皇帝留在這裡沒有用，還要養他，不如把他送回去，在明朝中央政權內製造弟兄倆之間的矛盾。這樣，也先就把明英宗送了回來。明英宗回來後不能再做皇帝，被關起來了。八年之後，明景帝生了病，政府裡有一派反對明景帝和于謙的人，還有一些不得志的軍人、政客，他們把景帝害死，把英宗放出來重新做了皇帝。英宗出來之後，就把于謙殺害了。

明景帝和于謙對於保衛北京立下了很大的功勞，對人民是有功的。景帝是個好皇帝，他的墳墓不在十三陵。七八年前，我和鄭振鐸同志一起在頤和園後面把他的墳墓找到了，並重新修理了一下，作為一個公園，因為他是值得我們紀念的。

從以上說的情況可以看出，如果不是建都在北京，那麼一四四九年也先軍隊的進攻是很難抵抗的。

過了一百零一年，即一五五〇年，蒙古的另外一個軍事領袖俺答又率兵包圍了北京，情況也非常嚴重。也是因為北京是首都，是政治和軍事中心，經過艱苦的鬥爭，俺答也像也先一樣，由於佔不到便宜而退回去了。

北京在明朝歷史上經受住了這樣兩次考驗，由此可以說明明成祖遷都北京是必要的和正確的，無論從軍事上和政治上來說，他都做對了。

但是，僅僅只把政治、軍事中心建立在北京還是不夠的。當時東邊從遼東起，西邊到嘉峪關止，敵人從任何地方都可以進來，當然，從山海關往西有一道萬里長城，可是城牆是死的，沒有人守還是不能起作用，所以，必須要在適當的軍事要點佈置強大的軍事力量。因此，明朝政府在北方沿邊一線設立了所謂「九邊」。「九邊」是逐步發展起來的，開始只建立了四個鎮，即遼東、宣府、大同、延綏，跟着又增加了三個鎮，寧夏、甘肅、薊州，以後又加上太原、固原二鎮。這九個軍事要塞，在明朝合稱「九邊」，是專門對付蒙古族的。每一個軍事中心都有很多軍隊，譬如明朝後期，光在薊州這個地方就有十多萬軍隊。

九邊有大量的軍隊，北京也有大量的軍隊，這些軍隊吃甚麼呢？光依靠河北、山東、山西這幾個地區的糧食是不夠供應的，必須要從南邊運糧食來。要運糧食，就要有一條運輸線，當時沒有公路、鐵路，只能通過運河水運，把東南地區的糧食集中在南京，通過運河北上，一年要運三四百萬石糧食來北京養活這些人，所以運河在當時是一條經濟命脈。這種運輸方法，當時叫作漕運。為了保護這條運輸線的安全，明朝政府專門建立一個機構，派了十幾萬軍隊保護運河沿線。明朝是如此，清朝也是如此。

把軍事、政治中心放在北京，北方的問題解決了，可是發生了另外一個問題：南方發生了事情怎麼辦？於是就把南京改為陪都。陪都也和首都一樣，除了沒有皇帝之外，其他各種組織機構，北京有一套，南京也有一套：北京有六部，南京也有六部；因為南京沒有皇帝，便派一個皇帝親信的人做守備；當時的大學叫國子監，國子監也有兩個，一個叫「北監」，一個叫「南監」，北監在北京，就在孔廟的旁邊。北監、南監都刻了很多書，叫北監本和南監本。當然，陪都和首都也有區別，首都的六部（吏、戶、禮、兵、刑、工，六部的部長叫尚書，副部長叫侍郎）有實權，而陪都的六部沒有實權，所有的事情都集中在首都辦。南京的這些官清閒得很，沒有甚麼事情可做，這些人大都是些政治上不得志的人，在北京站不住腳，有的年紀大了，做不了甚麼事，就要他到南京去做一個閒官，有飯吃，有地位，可是沒有甚麼事情可做。我們研究這個時代的歷史要了解這一點。那麼，他在南方搞一套機構的目的是甚麼呢？第一，以南京為中心來保護運河交通線；第二，以南京為中心，加強對南方人民的統治。南方各個地區發生了人民的反抗鬥爭，就可以就近處理、鎮壓。

明成祖遷都北京，這不但是抵抗蒙古族南下的一個最重要的措施，同時也為北京附近地區生產的發展、文化水平的提高、都市的繁榮創造了有利的條件。有了這個基礎，清朝入關後才能繼續建都北京，我們在全國解放之後，才有條件繼續建都北京，這是一個歷史發展的過程。我們國家建都北京，是經過了慎重、周密的考慮的。當時在討論這個問題時，也有人提出不同的意見，他們認為北京是一個學術中心，首都最好建在別的地方，不要建在北京，北京一建都，就成為政治中心了。這些人認為政治是很不乾淨的東西，所以反對建都北京，甚至在我們建都北京之後，還有不同的論調。一些人認為舊北京城不能適應我們今天的政治要求，因此應該在復興門外建一個新北京，把舊北京甩開。他們列了很多條理由，但是我們有一條：北京在一九四九年有一百幾十萬人口，你要把國家的中央機關放在復興門外，孤孤單單地和人民脱離了，這在政治上是錯誤的。過去十幾年以來，不斷有這樣的爭論。現在事實證明：第一，今天建都北京是正確的；第二，在北京的舊基礎上來擴建新北京也是正確的。中央機關——無產階級的最高政權機關脱離人民行不行呢？當然不行，那是原則性的錯誤。當然還有其他方面的爭論，今天不能多講了。這是從明成祖遷都北京，順便講到我們今天的北京。

北「虜」南倭問題

這裡談談另外一個問題，就是如何對待明朝和蒙古的關係問題。明朝和蒙古的關係始終是敵對的。從一三六八年之後，一直到明朝滅亡，幾百年間始終是敵對的關係。我們今天來研究過去的歷史，應該實事求是地處理這個問題。在歷史上是敵對的關係，你就不能説那個時候我們已經貫徹了民族政策，漢族和兄弟民族都是友好相處的，這是一方面。另一方面，今天我們國家是各民族團結的大家庭，實行民族團結的政策，各民族互相尊重，友好相處。在這樣的情況下，我們怎麼來看待歷史上的民族關係？譬如明朝和蒙古的關係，北宋和契丹的關係，清朝滿族和漢族的關係，等等。對這些問題，有不少人感到難以處理。其實很簡單，從今天學習歷史的角度來說，從幾千年各個民族發展的歷史來說，我們應該把我們國家歷史上的民族關係當作內部矛盾來處理，無論是蒙古或者契丹，無論是西夏或者女真，都是這樣。經過幾年的研究，我們得出這樣的看法：就是凡是今天在我們中華人民共和國的疆域之內的各民族，不論是哪一個民族，歷史上的關係，都是我們自己內部的問題，不能當作敵我矛盾來處理，不能把它們當作外國。要是當作外國，那問題就嚴重了。我們不能繼承解放以前那些歷史書、教科書和某些論文中的帶有民族偏見的錯誤觀點。總之，我們今天的看法可以分為兩個方面：一方面必須實事求是，歷史是怎麼樣就怎麼樣寫。明朝和蒙古是打了幾百年的仗，這個歷史事實不能改，在當時是敵對關係，這一點不能隱諱，也不能歪曲。另一方面，凡是我國疆域以內的各民族，不管它在歷史上是甚麼關係，今天我們看都是內部問題，內部矛盾。兩個兄弟吵架，不能作為侵略和被侵略來處理。今天，蒙古族是我們五十幾個兄弟民族裡面的一個，我們今天來講這段歷史的時候，就不能像當時那樣對蒙古族採取誣衊、謾罵、攻擊的語言，要互相尊重。明朝是罵蒙古的，蒙古也罵明朝，這是歷史事實，但這是他們在罵，不是我們在罵，我們應該實事求是地記錄。如果我們也用自己的話來罵就不對了，你有甚麼道理罵？你根據甚麼事情罵？所以要正確處理歷史上的民族關係。

至於區別戰爭的性質問題，是正義戰爭還是非正義戰爭的問題，我們不能把少數民族打漢族的戰爭不加區別地都說成是正義的，也不能把漢族為了自衛而進行的戰爭都說成是非正義的。應該就事論事，就戰爭發生的原因、經過情況、是非來判斷戰爭的性質。比如說，漢朝和匈奴的關係，匈奴來打漢朝，他搶人家的東西，屠殺人、畜；漢朝為了自衛，就應該還擊，這當然是正義的。唐朝和突厥的關係也是一樣。突厥經常來打，唐朝為了自衛進行還擊，也是正義的。明朝和蒙古的關係，蒙古人要南下，明朝組織力量反抗，這同樣也是正義的。但是，歷史上漢族與少數民族之間的戰爭，也不是正義都在漢族的一邊，這需要根據當時歷史情況做出具體分析，不能一概而論。漢族經常欺侮一些小民族，打人家，這是非正義的；少數民族中的一些統治階級為了自己的階級利益，鬧分裂，鬧割據，打漢族，也同樣是非正義的。所以要具體分析，不能籠統地對待。不是哪個民族大、哪個民族小的問題，也不是簡單的誰打誰的問題，而是要根據戰爭的情況、雙方人民的利益來判斷戰爭的正義性與非正義性。

明朝和蒙古的關係始終是敵對的關係，這個問題以後到清朝才解決。清朝打明朝經過了長期的戰爭，在這個戰爭中清朝採取聯合蒙古的政策，取得了蒙古的支持。在入關之後，清朝對待蒙古的政策是通過婚姻關係來保持滿、蒙兩個民族之間的和平，清朝皇帝總是把自己的女兒嫁給蒙古的酋長。乾隆過生日時，來拜壽的一些蒙古族酋長都是他的女婿、孫女婿、曾孫女婿。所以，萬里長城在清朝失去了意義。秦始皇修築萬里長城在歷史上是起了作用的。早在戰國時代，北方一些國家，像燕國、趙國為了抗拒外族的侵略，已經修築了一些城牆。秦始皇統一六國之後，把這些國家所修的城牆連接起來加以擴展，就成為萬里長城。我們現在看到的長城是經過許多朝代修建的，特別是青龍橋八達嶺這一段不是秦始皇修的，而是明朝後期修的。我們在評論歷史上某一件事情的好壞時，應該用辯證的方法。秦始皇修萬里長城花了很大的力量，死了不少人，這是壞的一方面；可是另一方面，長城在漫長的歷史過程中也的確起了作用。雖然它不能完全堵住北方各民族向南發動戰爭，但是，無論如何，它起了一部分作用，至少因為有了這樣一個防禦工事，使得長城以南眾多的人口可以從事和平的生產。把長城的作用估計過高，認為有了這一條防線，北方的少數民族就進不來了，這是錯誤的。他們還是進來了，而且進來不止一次。但是，由於有了這個防禦工事，使得北方一些少數民族的軍事進攻受到阻礙，這種作用，直到明朝還是存在的。所以，明朝還繼續修繕長城。只有到了清朝，這樣的作用才不再存在了。當然，清朝和蒙古也有幾次戰爭，不過跟明朝的情況比較起來就不同了。明朝和蒙古始終是敵對的關係。清朝不是這樣，清朝和蒙古只是個別時候發生過戰爭。今天情況就更不同了，國家性質改變了，我們採取民族團結、民族區域自治的政策，內蒙古自治區是我們中華人民共和國組成部分之一，現在長城只是作為一個歷史文物而保留着。世界上有七大奇觀，長城是其中之一，是世界上最偉大、最古老的工程之一。

明朝和蒙古的關係，是明朝歷史上的一個特徵，跟過去的情況不一樣，跟以後的情況也不一樣。此外，明朝和倭寇的關係，即所謂南倭問題，也是這個時代很突出的一個問題。明朝以前沒有這樣的情況，明朝以後也沒有這樣的情況。

研究明朝和倭寇的關係，光從中國的情況、中國的材料出發，還不可能得到全面的理解，還必須研究日本的歷史。不研究日本的歷史就很難理解當時為甚麼會有那麼一些人專門從事搶劫，進行海盜活動，而且時間是如此之長，破壞是如此之嚴重。但是看看當時日本國內的情況，問題就很容易理解了。所以，我們先講講日本的情況。

明朝的歷史是從一三六八年開始的。而日本從一三三六年起，內部分裂為南朝、北朝。京都是北朝的政治中心，吉野是南朝的政治中心。這個分裂的局面，長達六十年之久。一直到一三九二年南朝站不住了，才投降了北朝。分裂期間，日本有兩個天皇：京都有一個天皇，吉野有一個天皇。正當日本南北朝分裂的時候（一三三六—一三九六），明朝建立起來了。明朝建立初年，正是日本南北朝分裂的後期。

當時日本的政治形勢怎麼樣呢？日本有天皇，可是那個天皇是虛的、無權的，是一個傀儡。不只是那個時候的天皇是傀儡，凡是明治維新以前的天皇都是傀儡，地位很高，可是政治上沒有實際權力。掌握實權的是誰呢？是將軍。當時的將軍稱為征夷大將軍，將軍有幕府，當時的幕府叫室町幕府，也叫足利幕府。那時日本處在封建社會，有很多封建領主，這些封建領主有很多莊園，佔有很多土地，有自己的軍事力量，他們不完全服從幕府的命令，各自在自己的勢力範圍內實行封建割據。足利幕府建立之後，由於他的經濟基礎很薄弱，不能完全控制他們，所以，在足利幕府時代，由於地方經濟的發展，封建領主勢力強大，在幕府控制下的中央財政發生了困難。怎麼辦呢？它就要求和明朝通商，做買賣。足利幕府的第三代叫足利義滿，他派人到明朝來，要求和明朝通商。明朝政府當然歡迎，但是對日本的情況不了解，對國際形勢缺乏知識，不知道日本國內已經有了天皇，糊裡糊塗地就封足利義滿為日本國王。足利義滿希望通過和明朝通商來加強自己的經濟地位，減少財政困難。但是，由於當時日本是處在一種分裂割據的狀態，那些大封建領主並不聽他的話，而在那些大封建領主下面有一批武士，由於得不到土地，生活困難，於是他們就到海上去搶劫，成為倭寇，這就是倭寇的來源。所以當時的情況是，一方面幕府和明朝有交往；另一方面幕府下面那些封建領主一批批地來破壞這種交往，到處搶劫。幕府不能控制那些諸侯、封建領主，最後發生了內戰。從一四六七年到一五七三年這個時期，是日本歷史上的「戰國時期」。這個時期延續了一百多年，日本國內到處打來打去，戰爭頻繁，人民不能正常地進行生產，因而土地荒廢，糧食不夠，這樣，就使更多的人參加到倭寇的隊伍中來。這就是日本在戰國時代，也就是明朝中期（一四六七—一五七三）之後，倭寇侵略更加嚴重的原因。

從中國的情況來說，中國遭受倭寇的侵犯從明朝一開始就發生了。在明朝建國以前，倭寇已經侵略高麗，那時候，高麗王朝的政治很腐敗，沒有能力抵抗。接着倭寇南下騷擾我國沿海各地，從遼東半島到山東半島，到江蘇、浙江、福建、廣東，到處侵犯。洪武二年（一三六九）明朝政府派海軍去抵抗倭寇，一三八四年之後又派了一個大將在山東、江蘇、浙江沿海地區修了五十九個軍事據點防禦倭寇，一三八七年又在福建沿海地區修建了十六個軍事據點。所以，從洪武時代起，倭寇就已在危害中國。在永樂時代，一四一九年倭寇大舉進攻山東沿海地區，明朝軍隊狠狠地打了他一下，把這一股倭寇全部消滅了。倭寇的侵擾引起了明朝政府內部在政治上的爭論。當時，明朝政府專門設立了三個對外貿易機構，叫作「市舶司」，這三個市舶司設在廣州、寧波和泉州，這些地方是當時的對外通商口岸，外國人可以到這裡來做買賣。當倭寇侵略發生之後，有的人認為，倭寇之起是由於對外通商的緣故，因為你要做買賣，所以日本海盜就來了，最好的辦法就是把市舶司封閉掉，對一切國家一概不做買賣。這種論調在明朝政府中佔了優勢，結果在公元一五二三年把三個市舶司撤銷了。

撤銷市舶司之後發生了另外一個問題。浙江、福建、廣東等東南沿海地區，人口密度高，人多耕地少，不少人沒有生產資料，這些人做甚麼呢？在通商的時候他們借一點資本出去做買賣，買一些外國貨到中國來賣，把中國的土產賣出去。因此，這些人是依靠通商來維持生活的。這是一種情況。另外還有一種情況，就是東南沿海的一些大地主，他們看到對外通商的收入比在農業生產上進行剝削要多好幾倍，因此從事對外貿易。他們自己搞了很多海船載運中國土產出國，同時把外國商品帶回來賣。沿海大地主依靠通商發財，這在當時叫作「通番」。「通番」的歷史已經很久了，宋朝後期就有許多大地主組織船隊出海通商的事，宋代關於這一類事情的記載很多，元朝也有。民間有這樣一個傳說，說明朝有一個大富翁叫沈萬三，他家裡有一個聚寶盆，這個盆裡可以出很多寶貝。這是傳說，事實並不是這樣，事實是他搞對外貿易發了財。有人說他富到這樣的程度，明太祖修建南京城時，有一半是他出的錢，此外，每年還要他出很多錢。因為在明朝和元朝做鬥爭的時候，他曾經站在元朝這一邊，所以後來明太祖乾脆把他的家產全部沒收了，把他充了軍，有的説是充軍到雲南，也有的説是充軍到東北。這個故事説明，當時是有這麼一部分人是依靠通商和對外貿易來發財的。所以，當時東南沿海地區的情況是，一方面許多貧民依靠對外通商來維持生活，其中有一些窮苦的人長期停留在國外，這一批人就成為華僑。現在南洋各個地方都有華僑，大體上以廣東、福建人為多；另一方面，沿海一些大地主依靠通商來發財。因此，當一五二三年，由於倭寇不斷騷擾沿海，明朝政府封閉了市舶司，斷絕了對外通商關係時，就發生了新的問題：一方面很多窮苦人失去了生活來源；另一方面，沿海大地主失去了發財機會。他們要求恢復通商。在這種情況下，某些地主集團便採取反抗手段，你禁止通商，他就秘密通商。他們自己組織船隊出去，其中有一些照樣發了財，有一些就遭到倭寇的搶劫；而另外一些則採取和倭寇合作的辦法，他們也變成了倭寇。他們組織船隊出去，能夠做買賣就做買賣，不能做買賣就搶。因此，倭寇主要是日本海盜，但其中也有一部分是中國人。

除了倭寇之外，當時還有一種情況，即在十六世紀初年，葡萄牙人到東方來了。這些葡萄牙人一方面進行通商活動；另一方面也進行海盜活動，不但進行海盜活動，而且佔據了我國福建沿海的一些島嶼。

一五四六年，也就是日本的「戰國時代」，倭寇對沿海的侵略更加嚴重了，浙江寧波一帶受到嚴重的損害。明朝政府派了一個官員總管浙江、福建兩省的軍事，防禦倭寇，這個官員叫朱紈，他堅決執行禁海方針，任何人都不許出去，堅決用軍事力量打擊倭寇，打擊葡萄牙海盜。他把抓到的九十多個海盜頭目——有日本人，有葡萄牙人，也有中國人——都殺掉了，這樣一來引起政治上的一場軒然大波。因為被殺的這些人裡面，有一些是沿海的大地主派出去的，把這些人殺了，就損害了沿海大地主階級的利益。這些大地主集團在北京中央政權機構裡的代言人（主要是一些福建人）大叫起來了，他們向皇帝控告朱紈，說他在消滅海盜時，錯殺了良民和好百姓。這樣就展開了政治鬥爭，在政府裡和地方上形成兩派：一派要求對外通商；一派反對通商。大體上沿海一些大地主堅決主張通商，而內地一些大地主反對。為甚麼內地的大地主反對呢？因為他們不但得不到通商的好處，而且海盜擾亂的時候，還要出錢，他們吃了虧。通商派和反通商派的鬥爭很激烈，代表閩、浙沿海大地主利益的許多官員都起來反對朱紈。朱紈也向皇帝上疏為自己辯護，並且很憤慨地說：「去外國盜易，去中國盜難；去中國瀕海之盜易，去中國衣冠之盜尤難。」這樣，浙江、福建沿海的大地主集團更加恨他，對他的攻擊更厲害了。結果明朝政府就把他負責的浙江、福建兩省的軍事指揮權撤銷了，並且派了一個官員來查辦這件事，最後朱紈在「縱天子不欲死我，閩浙人必殺我」的情況下自殺了。

朱紈失敗了，倭寇問題沒有解決，一五五二年之後，情況更加嚴重，在浙江沿海一帶，倭寇長驅直入。一直到一五六三年的十一年中間，不但江蘇、浙江、福建的許多城市、農村受到倭寇的燒殺、搶劫，倭寇甚至還打到南京城下，打到蘇州、揚州一帶。

這個時候，明朝的軍事力量已經腐化了。明朝在地方的軍事制度是衛所制，一個衛有五千六百人，一個千戶所有一千一百二十人，一個百戶所有一百二十人。軍隊和老百姓分開，軍戶和民戶分開，軍人是世襲的，父親死了以後，兒子接着當兵。明朝初年的軍事力量是相當強大的，因為它有經濟做基礎。那時，明朝實行屯田政策，軍隊要參加生產，辦法是國家撥一部分土地給軍隊，軍隊裡抽一部分人，參加農業生產，自己生產糧食供應軍隊的需要，國家再補貼一部分。所以，儘管軍隊的數量很大，最多時達到二百多萬人，可是國家的財政開支並不大。以後由於許多地主、官僚把屯田吞沒了，把軍隊的錢貪污了，所以屯田的面積愈來愈小，糧食收入愈來愈少。同時，有些軍官把士兵拉來替他搞私人勞動，在家裡服役。此外，由於軍隊和老百姓是分開的，軍戶和民戶是分開的，軍人的服裝、武器要自備；把河北人派到雲南去，山東人派到浙江去，世世代代當兵，結果部隊中逃亡的比例愈來愈大。從明朝初年一直發生軍隊減員的現象，以後愈來愈嚴重，往往一個單位的逃亡比例達到十分之七八，一百人當中只剩下二三十人。怎麼辦呢？明朝政府就採取這樣的辦法：張三如果逃跑了，就把他的弟弟、侄子抓去頂替；如果他家裡沒有人可以頂替，就抓他的鄰居去代替。但是這些被抓去頂替的人又逃跑了，所以軍隊數量愈來愈少，質量愈來愈低，軍官也腐化了。

從明太祖到明成祖，在沿海建立了許多軍事據點，組織了海軍，建造了一些戰船，到這時這些戰船因為用的時間太久了，破破爛爛，不能再用了。按照規定，船過一定時期要修一次，可是由於修船的錢也被軍官貪污了，沒辦法修，所以戰船愈來愈少。

由於上面這幾方面的原因，明朝的軍事力量腐化了，軍隊不能打仗了。在一五五二年之後，往往是數量不多的倭寇登陸之後，一搶就是幾十個城市，搶了就跑。各地方儘管有很多軍隊，但是不能抵抗，人民遭受到深重的災難。特別應該指出的是，倭寇所侵犯的這些地區都是糧食產區，是最富庶的地方，像江蘇（包括長江三角洲）、浙江及福建沿海地區，都是經濟最發達的地區。這些地方長期遭到搶劫一直到甚麼時候呢？一直到一五六四年才改變這種局面，這時，出現了戚繼光、俞大猷等有名的軍事將領。戚繼光看到原來的軍隊不能作戰了，就自己練兵。他了解到浙江義烏縣的農民很勇敢，便招募了義烏縣的農民三千人，成立了一支新軍，進行嚴格的軍事訓練。他根據東南地區的地形，組織了一個新的陣法，叫作「鴛鴦陣法」，這個陣法的主要特點是各個兵種互相配合，長武器和短武器結合使用。更重要的是他有嚴格的軍事紀律，對兵士進行嚴格的軍事訓練。經過兩三年之後，他的這支軍隊便成了最有戰鬥力的軍隊，當倭寇侵入浙江的時候，在台州地區，戚繼光的軍隊九戰九勝，把浙江地區的倭寇消滅光了，以後把福建地區的倭寇也消滅了。他和俞大猷及其他地區的軍事將領經過十年左右的努力，徹底解決了倭寇問題。

可是，在倭寇問題解決之後，又發生了新的問題。這時日本國內的情況發生了變化，原來的幕府被推翻了，新的軍閥起來了，這就是豐臣秀吉。豐臣秀吉用軍事力量統一了國內，不過這是表面上的統一，實際上國內各地還是一些封建領主在統治着。這些封建領主擁有強大的軍事力量，他不能完全控制。為了把尚未完全控制的封建領主（大名）的目標轉向國外，並消耗他們的實力，以穩固自己的統治，豐臣秀吉發動了一次侵朝戰爭，派軍隊去打朝鮮。他寫信給朝鮮國王，說他要去打明朝，要朝鮮讓路，讓他通過朝鮮進入我國東北，他的軍事野心非常狂妄，準備征服整個中國；然後把他的天皇帶到中國來，以寧波為中心，建立一個龐大的帝國。步驟是：第一步佔領朝鮮；第二步佔領中國；第三步以中國為中心，向南洋群島擴張。面臨着這樣的形勢，明朝政府怎麼辦？有兩種主張：一種認為日本打朝鮮與中國無關；另一些人看到了唇亡齒寒的關係，認為朝鮮是我們友好的鄰國，豐臣秀吉佔領朝鮮以後就會向中國進攻，因此援助朝鮮也就是保衛自己。經過一番爭論，後一種意見佔了優勢，明朝派了軍隊出去援助朝鮮。這時候，朝鮮已經很混亂，大部分地區被日本軍隊佔領，國王逃跑。明朝政府動員全國的力量來幫助朝鮮，前後打了七年（一五九二—一五九八）。由於中國人民的援助、朝鮮軍隊的奮勇抗戰，特別是朝鮮海軍名將李舜臣使用一種叫「龜船」的戰艦，發揮了很大的作用，最後把日本侵略軍打敗了。一五九八年，豐臣秀吉病死。日本侵略朝鮮的軍隊跑掉了，戰爭結束了。

所以，我們和朝鮮的歷史關係很深遠，在甲午戰爭前三百年，中國就出兵援助過朝鮮，共同反抗外來的侵略。在中華人民共和國建立之後，我們的經濟還沒有恢復，美帝國主義就越過「三八線」，向朝鮮民主主義人民共和國進攻，情況很嚴重。我們又進行了抗美援朝運動，派出了志願軍支援了朝鮮人民。

這一段歷史使我們得到這樣的認識：日本軍國主義並不是這個時代

才有，而是有其長遠的歷史原因。它總是要侵略別人的，從倭寇起，以後不斷地向外侵略，一五九二年侵略朝鮮，甲午戰爭時期佔領我國東北，一九三七年以後佔領了我國大部分地方。我們進行了抗日戰爭才取得了勝利。要了解和熟悉日本的情況，必須要了解和熟悉我們自己的歷史情況，這樣才能對我們很接近的國家有正確的看法。當然，說日本的軍國主義有長遠的歷史原因，絕對不等於說日本人民都是侵略者，如果得出這樣的結論，那就是錯誤的。但是日本的統治者，不管是過去的封建主，還是近代的軍國主義者，都是侵略成性的。中國與日本是一衣帶水的鄰邦，兩國之間有着悠久的歷史文化聯繫，但是在近代的半個多世紀中，由於日本軍國主義的侵略，給中日兩國人民帶來了災難。現在中日兩國人民，都要從慘痛的歷史中吸取有益的經驗教訓，使慘痛的歷史永不重演，建立和鞏固兩國人民的友好關係。

明朝的歷史情況與過去不同，與倭寇的鬥爭，與蒙古貴族的鬥爭貫穿着這個時代。明朝以前沒有這樣的情況，明朝以後也沒有這樣的情況，這是明朝歷史的特徵，要抓住這個特徵才能夠了解明朝人民的負擔為甚麼那麼重。因為北邊有蒙古問題，沿海有倭寇問題，就要有軍隊打仗，軍隊要吃飯、要花錢，這些負擔都落在人民身上，所以明朝的農民受着無比深重的苦難。在這樣的情況下，從明朝開國一直到滅亡，都不斷發生農民戰爭，農民戰爭次數之多、規模之大、時間之久、分佈地區之廣，在歷史上沒有任何一個時期可以和明朝相比。

東林黨之爭

東林黨之爭是明朝末年歷史上的一個特徵。

首先應該明確這樣一個問題，歷史上所謂黨與我們今天所說的黨是兩回事，不能把歷史上所說的黨和今天的政黨混同起來。歷史上所說的黨並沒有甚麼組織形式，參加哪個黨是沒有任何形式的，既不用交黨費，也沒有組織生活，更沒有黨章和黨綱。然而，在歷史上又確實叫作黨。歷史上所謂黨是指的甚麼呢？是指政治見解大體相同的一些人的集團，也就是統治階級內部某些人無形的組合。明朝的東林黨，它的情況大致是這樣：在江蘇無錫有個書院叫東林書院，這是一所學校；當時有兩個政府官員，即顧憲成和顧允成兩兄弟，在北京做官的時候，由於他們的政治見解與當時的當權人物相抵觸，便辭官不做，回家後在東林書院講學。他們很有學問，在地方上聲望很高，為人也正派。這樣，和他們意氣相投的人跟他們的來往便越來越多了，不但在地方上，就是在北京，有一些官員跟他們的來往也比較多。他們以講學為名，發表一些議論朝政的意見。這樣，從萬曆二十二年（一五九四）開始，一直到明朝被推翻，前後五十年間，在明朝政治上形成了一批所謂東林黨人，和另外一批反對東林黨的非東林黨人。非東林黨人後來形成齊（山東）、楚（湖北）、浙（浙江）三派，與東林黨爭論不休。這五十年中間，在幾件大事情上都有爭論。你主張這樣，他反對；他主張那樣，你反對。舉例來說，黨爭中最早的一個問題，就是所謂「京察」問題。「京察」是古代歷史上的一種制度，就是政府的官員經過一定的時期要考核，相當於現在的考勤考績。主持考勤考績的是吏部尚書、吏部侍郎（相當於現在的內務部長、副部長），他們主管文官的登記、資格審查、成績考核及任免、升降、轉調、俸給、獎恤等事。當時考取進士以後，有一部分進士就安排做科道官。科就是六科給事中，道就是十三道御史。六科就是按照六部（吏、戶、禮、兵、刑、工）來分的，道是按照行政區劃來設置的。當時全國有十三個布政使司，設了十三道御史，譬如浙江道有浙江道御史。科道官都是監察官，當時叫作「言官」，他們本身沒有甚麼工作，只是監察別人的工作，提出贊成的或者反對的意見，他們的任務就是說話，所以叫「言官」。每次「京察」，吏部提出某些人稱職，某些人不稱職。一五九四年舉行「京察」的時候，就發生了爭論，這一部分人說這些人好，那一部分人說不好；凡是東林黨人說好的，非東林黨人一定說不好，爭論中摻和了封建社會的鄉里（同鄉）關係，譬如齊、楚、浙就是鄉里關係。不管這件事情正確不正確，只要是和我同鄉的人，都是對的；還有一種同門的關係，所謂同門就是指同一個老師出身的，不管事情本身怎麼樣，只要跟我是同學，就都是對的；至於對親戚、朋友則更不用說了。就在這樣的封建關係組合之下，從一五九四年「京察」開始，一直爭吵了五十年。

繼「京察」問題之後，接着發生了「國本之爭」。所謂「國本」就是國家的根本。我們今天說國家的根本就是人民，沒有人民就沒有國家，當時並沒有這樣的概念，那時候所謂「國本」是指皇帝的繼承人問題。萬曆做了多年皇帝，按照過去的慣例，他應該立一個皇太子，以便他死後有一個法定的繼承人。可是他不喜歡他的大兒子，他所喜歡的是他的小老婆（鄭貴妃）生的兒子福王（以後封在河南洛陽），所以他就遲遲不立太子。有些大臣就叫起來了，他們認為國家的根本很重要，應該早立太子。凡是提議立太子的，萬曆就不高興，他說：我還活着，你們忙甚麼！這樣，有人主張早立太子，有人反對立太子，爭吵起來了，這就叫「國本之爭」。

跟着又發生了一個案子叫「梃擊案」。有一天早晨，突然有一個人跑到宮裡來見人就打，一直打到萬曆的大兒子那裡去了。當然，這個人馬上被逮住了。可是這裡發生了一個問題，是誰叫他到宮裡來打萬曆的大兒子的？當時有人懷疑是鄭貴妃指使的。這是宮廷問題，卻成了當時政治上的一個大問題，引起了爭吵，東林黨與非東林黨大吵特吵。

萬曆做了四十八年皇帝，死了。他的大兒子繼位不到一個月又死了。怎麼死的呢？搞不清楚。據說他在病的時候，有一個醫生給他紅丸藥吃，吃了以後就死了。這樣就發生了一個問題，這個皇帝是不是被毒死的？是誰把他毒死的？因此，又發生了所謂「紅丸案」，各個集團之間又爭吵起來了。

正在爭吵的時候，發生了另外一個問題：就是這個只做了個把月的皇帝死了以後，他的兒子繼位，還沒成年。這個短命皇帝有個妃子李選侍，她住在正宮裡不肯搬出來，她有政治野心：想趁這個小孩做皇帝的機會把持朝政。這樣，又發生了爭論，有一些人出來罵她：你這個妃子怎麼能霸着正宮？逼着她搬出去了。這個案件叫「移宮案」。京戲裡有一齣戲叫《二進宮》，就是反映這件事的，不過把時代改變了，把孫子的事情改成了祖父的事情。

「梃擊」「紅丸」「移宮」是當時三大案件，成為當時爭論最激烈的事件。在這樣的情況下，政治上出現了甚麼現象呢？每一件事情出來，這批人這樣主張，那批人那樣主張，爭論不休，整天給皇帝寫報告。到底誰對誰不對？從現在來看，東林黨與非東林黨之爭，一般地說，道理在東林黨方面。東林黨的道理多，非東林黨的道理少。但是，東林黨是不是完全對呢？在某些問題上也不完全對。這樣爭來爭去，爭不出個是非來，結果只有爭論，缺乏行動，許多政治上該辦的事沒人去管了。後來造成這種現象：某些正派的官員提出他的主張，這個主張一提出來，馬上就有一批人來攻擊他，他就不能辦事，只好請求辭職。皇帝不知道這個人對不對，不做處理，把事情壓下來，這個官既不能辦事，辭職也辭不成，怎麼辦？乾脆自己回家。他回家以後政府也不管，結果這個官就空着沒人做。到萬曆後期政治紀律鬆懈到這樣的地步：哪個官受了攻擊就把官丟了回家，以至六部的很多部長都沒人做了。萬曆皇帝到晚年根本不接見臣下，差不多一二十年不跟大臣見面，把自己關在宮廷裡，甚麼事情也不管，大臣們有甚麼事情要跟他商量也見不着。政治腐化，紀律鬆懈，很多重要的問題得不到解決，卻專搞無原則的糾紛，大是大非沒人管了，成天糾纏在一些枝節問題上面。

這種無休止的爭吵影響到一些重大的政治事件的發展。譬如日本侵略朝鮮，中國到底應不應該援助朝鮮，在這個問題上發生了爭論。後來還是派兵去支援了朝鮮，第一個時期打了勝仗，收復了平壤。後來又派兵去，由於麻痹大意，打了敗仗。打了敗仗以後，政府裡又發生爭論了，主和派覺得和日本打仗沒有必要，支援朝鮮意義不大，不如放棄軍事辦法，轉而採取政治辦法來解決問題。他們主張把豐臣秀吉封為日本國王，並答應和他做買賣。歷史上封王叫作朝，做買賣叫作貢，所謂朝貢，說得通俗一點，就是你帶些物資來賣給我，我給你一些物資做交換。在這種情況下，明朝政府只好一面按照主戰派的主張，繼續派兵援助朝鮮，一面派人暗中往來日本進行和議。後來明軍與朝鮮軍大敗日本侵略軍，日本願和了，明朝政府便按照主和派撤兵議和的主張，允許議和，並派人到日本去辦外交，封豐臣秀吉為國王。但日本國內本來已經有天皇，因此豐臣秀吉不接受王位，而且提出了很強硬的條件。結果外交失敗了，日軍重新侵略朝鮮，明朝政府只好再次出兵，最後打敗了日軍。由於追究外交失敗的責任，又引起了爭論。

這種影響在「封疆案」的問題上表現得更加明顯。萬曆死後，東林黨在政府做官的人越來越多了，這時北京有一個「首善書院」（在北京宣武門內），在這裡講學的也是東林黨人。這些人在政治上提出意見時，非東林黨人就起來攻擊，要封閉這個書院，東林黨人當然反對封閉，這樣吵了二三十年。這個爭論最後演變成甚麼局面呢？當時萬曆皇帝的孫子熹宗（年號天啟，是崇禎皇帝的哥哥）很年輕，不懂事，光貪玩。他寵信太監魏忠賢，軍事、政治各個方面都是太監當家，一些地主階級的知識分子由於在魏忠賢門下奔走而當了官。凡是屬於魏忠賢這一派的，歷史上稱為「閹黨」，閹黨裡面沒有甚麼正派人。東林黨是反對閹黨的，因此，黨爭發展到這個時候，就變成了地主階級的知識分子與宦官的鬥爭，這個鬥爭影響到東北的軍事形勢。在萬曆以前，東北的建州族已經壯大起來了，不斷進攻遼東，佔領了許多城市。到天啟時代，明朝防禦建州的軍事統帥熊廷弼提出一系列的軍事上和政治上的主張，建立三方佈置策，廣寧、天津、登萊聽山海關經略節制，以統一事權，重在守禦。當時前方的另一個軍事將領叫王化貞，他不同意這個意見，他認為只能急攻不可據守。熊廷弼雖然是統帥，地位比王化貞高，但是沒有軍事實權，而王化貞得到了魏忠賢的支持。這樣，熊廷弼的正確意見因為得不到支持而不能貫徹，結果打了敗仗，王化貞跑回來了，熊廷弼也跑回來了，山海關以東的很多地方都丟了。北京震動，面臨着很嚴重的軍事危機，在這種情況下又發生了有關「封疆案」的爭論。當時追究這次失敗到底是熊廷弼的責任，還是王化貞的責任，從當時的具體軍事形勢來看，熊廷弼是正確的，但他沒有軍隊來支持；王化貞有十幾萬軍隊，堅持錯誤的主張，因此王化貞應該負責。但是因為熊廷弼得罪了很多人，結果把這個責任推到他身上，把他殺了。很顯然，這樣的爭論和處理大大地影響了前方的軍事形勢。

「封疆案」之後，就是魏忠賢對東林黨人的屠殺。因為一些在朝的東林黨人認為魏忠賢這樣胡搞不行，就向皇帝寫信控告他的罪惡，當時有楊漣等人列舉了他的二十四條罪狀，這些東林黨人的行為得到了其他官員的支持。這樣，東林黨和閹黨就面對面地鬥爭起來。由於魏忠賢軍權在握，又指揮了特務，而東林黨人缺乏這兩樣武器，結果大批的東林黨人被殺，當時被殺的有楊漣、左光斗、周順昌、黃尊素、繆昌期等，其中周順昌在蘇州很有聲望，當特務逮捕他的時候，蘇州的老百姓起來保護他。最後這次人民的鬥爭還是失敗了，人民吃了苦頭，周順昌被帶到北京殺害了。

熹宗死了以後，明朝最後的一個皇帝——崇禎皇帝比他哥哥清楚一點，他把魏忠賢這夥人收拾了，把一些閹黨分子都殺了（魏忠賢是自己上吊死的）。但是這場鬥爭是不是停止了呢？沒有停止，東林黨人跟魏忠賢的餘孽在崇禎十七年的時候還在繼續鬥爭。崇禎五年（一六三二）一些東林黨人的後代跟與東林黨有關係的地方上的知識分子組織了一個團體，叫作「復社」，以後又有「幾社」，有大批青年知識分子參加。表面上他們是以文會友，寫文章、寫詩，是學術研究組織，實際上有政治內容。大家可能看過《桃花扇》這齣戲，這齣戲裡的侯朝宗、陳貞慧、吳應箕、冒辟疆四公子都是復社裡面的人。當時李自成已經佔領了北京，崇禎上吊死了。這個消息傳到了南方，沒有皇帝怎麼辦？這時一些閹黨人物就想擁小福王（由崧）來做皇帝。原來萬曆把最喜歡的那個兒子福王（常洵）封在河南洛陽，這是老福王。這個人很壞，在他封到洛陽時，萬曆給他萬頃土地，河南的土地不夠，還把鄰省的土地也給了他，老百姓都恨透了。李自成進入洛陽以後，把老福王殺掉了，小福王由崧（這也不是個好東西）逃到南京。當時在南京掌握軍事實權的是過去和魏忠賢有關係的閹黨人物馬士英，替他出主意的也是一個閹黨分子，叫阮大鋮，他們把小福王抓到手中，把他捧出來做皇帝。可是政府裡面另外一批比較正派的人，像史可法、高弘圖、姜日廣等主張立潞王（常淓）做皇帝。這個人比較明白清楚。但馬士英他們先走了一步，硬把福王捧出來做了皇帝。這樣，在南京小朝廷裡又發生了東林黨與非東林黨之爭。因為馬士英和阮大鋮是當權的，史可法被排擠出去，去鎮守揚州。在清軍南下的時候，史可法堅決抵抗，在揚州犧牲了。馬士英和阮大鋮在南京搞得不像樣，清軍一步步逼近南京。這時候小福王在做甚麼呢？在跟阮大鋮排戲。就在這以前，上面說的四公子就已起來反對阮大鋮，他們出佈告，揭露阮大鋮過去是魏忠賢的乾兒子，名譽很不好，做了很多壞事，不能讓他在政府裡當權，號召大家起來反對他。南京國子監的學生也支持他們的主張，這樣就形成一個學生運動。侯朝宗這些人雖然得到廣大知識分子的支持，但是他們根本沒有實力，而馬士英、阮大鋮有軍事力量。結果有的人被逮捕了，有的人跑掉了。不久之後，清軍佔領南京，小福王的政權也就被消滅了。

黨爭從一五九四年開始，一直到一六四五年，始終沒有停止過。無論是在政治問題上，還是在軍事問題上，都爭論不休。這種爭論是甚麼性質的呢？這是地主階級內部的矛盾。開始是東林黨和齊、楚、浙三黨之爭，後來演變為東林黨與閹黨之爭。由於東林黨的主張在某些方面是有利於當時的生產發展的，因此他們得到了人民的支持。但是反過來說，所有的東林黨人都反對農民起義，這是他們的階級本質決定的。譬如史可法這個歷史人物，從他最後這段歷史來說是應該肯定的。那時候，清軍南下包圍揚州，他的軍事力量很薄弱，也得不到南京的支持，孤軍據守揚州，但他寧肯犧牲也不肯投降，這是有民族氣節的人，也就是毛主席所說的有骨氣。我們中國人是有骨氣的，史可法就是這種有骨氣的代表人物。但是他以前的歷史就不好追究了。他以前幹甚麼呢？鎮壓農民起義。在階級鬥爭極為尖銳的時候，這些人的階級立場是極為清楚的，反對農民起義，鎮壓農民起義，即使在他抗拒清軍南下的時候，還要反對農民起義。有沒有同情農民起義的呢？沒有。不可能要求統治者來同情被統治者的反抗。

對於這樣一段黨爭的歷史，要具體分析，具體研究。黨爭跟明朝的政治制度有關係。明太祖在洪武十三年（一三八〇）取消了宰相，取消了中書省，搞了幾個機要秘書到內廷來辦事情。到明成祖時搞了個內閣，這是個政府機構。內閣的權力越來越大，代替了過去的宰相，雖然沒有宰相之名，但是有宰相之實。至於給皇帝個人辦事的有秘書，就是在宮廷裡面設立一個機構，叫作「司禮監」。這是一個內廷機構，不是政府機構。司禮監有一個秉筆太監，皇帝要看甚麼政府報告，讓秉筆太監先看；皇帝要下甚麼書面指示，也讓秉筆太監起稿。皇帝年紀大一些、知識多一些的，還能辨別是非，是不是同意，他自己有主見。可是一些年輕的皇帝就搞不清楚，結果司禮監的秉筆太監就操縱政治，掌握了政權。因為用人和行政的權力都給了司禮監，結果形成了明朝後期的太監獨裁。在明朝歷史上有很多壞太監，像明英宗時代的王振，明武宗時代的劉瑾，天啟時代的魏忠賢等。太監當家的結果，就造成了政府與內廷之爭，也就是統治階級內部地主階級知識分子與太監爭奪政權的鬥爭。明朝後期五十年的東林黨之爭就是在這樣的背景之下進行的。

隨着太監權力的擴大，不但中央被他們控制了，地方也被他們控制了。洪武十三年以後，地方上設有三司（都指揮使司、布政使司、按察使司），三司是各自獨立的，都受皇帝的直接指揮。到了永樂時代，當一個地區發生了軍事行動，像農民起義或其他的群眾鬥爭爆發的時候，這三個司往往意見不統一，各管各的，結果只好由中央政府派官員去管理這個地方的事，這個官叫巡撫。巡撫是政府官員，常常是由國防部副部長，即兵部侍郎擔任。巡撫出去巡視各個地方，事情完了就回來。可是由於到處發生農民戰爭和民族與民族之間的戰爭，這個官去了以後就回不來了，逐漸變成一個地方的常駐官了。因為巡撫是中央派去的，所以他的地位在三司之上。過去三司使是地方上最大的官，現在三司使上面又加了一個巡撫。但這能不能解決問題呢？還是不能解決問題。為甚麼呢？因為巡撫只能指揮這一個地區的軍事行動，比如浙江的巡撫就只能管浙江這一個地方，遇到軍事行動牽涉幾個省的時候，這個巡撫就不能管了。於是又派比巡撫更高的官，即派國防部長——兵部尚書出去做總督，管幾個省或一個大省。有了總督之後，巡撫就變成第二等官了，三司的地位則更低了。可是到了明朝後期，總督也管不了事。為甚麼呢？因為戰爭擴大了，農民戰爭和遼東的戰爭往往牽涉五六個省，五六個省就往往有五六個總督，誰也管不了誰。結果只好派大學士出去做督師。總督也歸他管。這是一方面。

另一方面，明朝為了鎮壓各地人民的反抗，就派軍官到各地去鎮守，叫作總兵官，也就是總指揮。統治者對總兵官不放心，怕他搞鬼，因此總是派一個太監去監督，叫作監軍。哪個地方有總兵官，哪個地方就有監軍。監軍可以直接向皇帝寫報告，因為他是皇帝直接派出去的。因此，不但總兵官要聽他的話，就是像巡撫這一類的地方官也要聽他的話。這樣，就形成了中央和地方都是太監當家的局面，明朝的政治變成太監的政治了。此外，明朝的皇帝貪圖享受，為了滿足自己生活上的慾望，哪個地方收稅多就派一個太監去，哪個地方有礦藏也派一個太監去，叫作「稅使」「礦使」。全國的主要礦區，東北起遼東，西南到雲南，以及武漢、蘇州等大城市都有稅使、礦使搜刮民脂民膏。這些太監很不講道理，他們的任務就是弄錢。他們根本不懂得甚麼礦，更不懂得怎麼開採，卻要開礦。只要聽說這個地方有金礦就要開，而且規定要在這裡開三百兩、五百兩。如果開不出來怎麼辦？就要這個地方的老百姓來賠。老百姓要反抗，他就說你的房子下面有礦，把房子拆了開礦。收稅也很厲害。蘇州有很多機戶，紡織工人數量很大。他們要加稅，每一張織機要加多少錢，老百姓交不起就請願，請願也不行，結果就起來反抗，把太監打走，形成市民暴動。蘇州市民暴動出了一個英雄人物，叫作葛賢，這個人後來被捕了，因為明朝政府要屠殺參加暴動的市民，他挺身出來頂住了。不僅在蘇州，在武漢、遼寧、雲南各個地方都發生了市民暴動，有的地方把太監趕跑了，有的地方把太監殺了，或者是把他下面的人逮住殺了。市民暴動是明朝後期歷史的一個特徵，人民的生活日益困難，不但農民活不下去，城市工商業者也活不下去了，他們便起來反對暴政。

因此，當時一些比較有見解的政治家，就在政治上提出了一些主張，譬如大家知道的海瑞就是這樣。他提出了甚麼主張呢？他做蘇州巡撫，管理江蘇全省和安徽一部分，這個地區的土地情況怎樣呢？前面說到明朝初年土地比較分散，階級鬥爭比較緩和。可是一百多年以後，情況改變了，土地全部集中在大地主、大官僚的手中，而且越來越集中。就在海瑞所管轄的地區松江府，出了一個宰相叫徐階，他就是一個大地主，家裡有二十萬畝土地。土地都被大地主佔有，農民沒有土地，只能逃亡。土地過分集中的結果，使農民活不下去，階級矛盾越來越尖銳。海瑞看出了毛病，他想緩和這種情況。當然，他不能也不知道採取革命的手段，他採取甚麼辦法呢？他認為要解決人民的生活問題，要使人民不去搞武裝鬥爭反對政府，就必須使這些窮人有土地可種。土地從哪裡來呢？土地都在大地主手裡，而大地主所以取得這些土地，主要的手段是非法的強佔。因此，他提出這樣一個政治措施：要求他管轄地區內的大地主階級，凡是強佔的土地一律退還給老百姓，使老百姓多多少少有一些土地可以耕種，能夠活下去。這樣來緩和階級矛盾。他堅決主張這種做法。這一來，大地主階級就聯合起來反對他，結果這個蘇州巡撫只做了半年多就被大地主階級趕跑了。海瑞的辦法能不能解決當時的土地問題？當然不可能。把大地主階級強佔的一部分土地歸還給老百姓能不能稍微緩和一下階級矛盾呢？可以緩和一下，可是辦不到，因為地主階級不肯放棄他們已經到手的東西，海瑞是非失敗不可的。類似海瑞這樣的政治家當時還有沒有呢？有的。他們也感到了階級矛盾和階級鬥爭的嚴重性，認為這個政權維持不下去。但是能不能提出一個解決的辦法呢？誰也沒有辦法，不但統治階級，就連農民起義的領袖也提不出解決的辦法來。

階級矛盾日益尖銳的結果是最後形成了明末的農民大起義。崇禎時代，各地方的農民都起來鬥爭，最後形成兩支強大的軍事力量，一支以李自成為首，一支以張獻忠為首。他們有沒有明確地提出解決階級矛盾的辦法呢？也沒有。李自成後期曾經提出「迎闖王，不納糧」的口號爭取廣大農民的支持，結果他的隊伍一下子就發展到一百多萬，農民、小手工業者、城市貧民都跟着他走。但是不納糧也不能解決問題。現在有一個材料，就是山東有一個縣，李自成曾經統治過那個地方，當時有人主張分田給百姓。分了沒有呢？沒有分。他提不出明確的辦法，不但提不出消滅地主階級的根本方針，甚至連孫中山那樣的「平均地權」的辦法也提不出。所以消滅封建剝削，消滅地主階級這個根本問題，在古代歷史上的任何時期都不能解決。不但地主階級知識分子、官僚提不出解決辦法，就是反對封建地主階級的農民起義領袖也提不出解決的辦法，這個問題只有在我們這個時代才能解決。我們研究過去的農民革命、農民起義時，不能把我們今天的思想意識強加於古人，我們這個時代能辦到的事，不能希望古人也能辦到，否則就是非歷史主義的觀點。目前史學界在有些問題上存在一些偏向，總希望把農民起義的領袖說得好一些，說得完滿一些，不知不覺地把自己所理解的東西加在古人身上。這是不科學的，非馬克思主義的觀點。我們只能根據歷史事實來理解、來解釋、來研究和總結歷史。而不可以採取別的辦法。

附帶講一個小問題。前面提到巡按御史，到底巡按御史是個甚麼官？我們經常看京戲，很多京戲裡都有這麼一個官。所謂八府巡按，威風得很。他是幹甚麼的呢？我們前面講過御史，就是十三道御史，是按照行政區劃設置的。每一道御史的職務就是監察他這個地區的官吏和政務。同時，中央有一個機構叫都察院。都察院的官吏叫左右都御史，左右都御史下面是左右副都御史，左右副都御史下面是左右僉都御史，再下面就是御史和巡按御史。巡按御史是由都察院派出去檢查地方工作的。凡是地方官有違法失職的，他們有權提出意見來。他們還可以監察司法工作，有的案子判得不正確，他們可以提出意見。老百姓申冤的，地方官那裡不能解決問題，可以到巡按御史這裡來告，這就是戲上八府巡按的來源。御史的官位大不大呢？不大，只是七品官。當時縣官也是七品官。知識分子考上進士以後，有一批人就分配做御史。御史管的事情很少，可是在地方上有很高的職權。為甚麼呢？因為他代表中央，代表都察院，是皇帝的耳目之官。建立這樣一種制度的目的是甚麼呢？目的是想通過巡按御史的監察工作，來緩和當時人民和政府之間的矛盾，解決一些問題。貪官污吏，提出來把他罷免；冤枉的案子幫助平反，於是老百姓對這樣的官員寄予很大的希望，希望他們能幫助自己申冤，這種願望，在當時的一些文學作品中得到了反映。雖然這些人在實際政治生活中並沒有解決甚麼問題，但是一些文學家、藝術家在一定程度上反映了人民的要求，創作了許多這類題材的作品，特別是明、清兩代有很多劇本是反映這個思想的。這些作品大體上有這樣一些共同的內容：一類是描寫老百姓受了冤枉，被大地主、大官僚陷害，被關起來或者判處了死刑，最後一個巡按給他翻了案；或者是描寫皇莊的莊頭作威作福，不但莊田範圍以內的佃農，就是莊田附近的老百姓也受他們的欺侮，姑娘被搶走了，家裡面的東西被搶走了，後來遇上俠客打抱不平，或者清官出來把問題解決了。在明朝後期和清朝前期，有不少的小說、劇本是描寫這些惡霸、莊頭的殘暴行為的。這是一類。另一類作品反映了當時知識分子的出路問題。當時的知識分子無非是通過考試中秀才、中舉人、中進士。中了進士幹甚麼呢？當巡按御史。因此，有很多作品是這樣的題材：一位公子遇難，在後花園裡遇到一位小姐，小姐贈送他多少銀子，以後上北京考上了進士，當上了八府巡按，最後夫妻團圓。這個時期的文學作品大體上有這幾方面的題材，反映了這個時期的政治生活、階級鬥爭的一些問題。

建州女真問題

現在講第一部分的最後一個問題，建州問題。建州的歷史和明朝一樣長，在明朝初期和中期的時候，建州是服從明朝的，從明朝初年一直到努爾哈赤的時候都是這樣，努爾哈赤曾經被明朝封為「龍虎將軍」。但是清軍入關以後，清朝皇帝忌諱這段歷史，他們不願意讓人們知道他們的祖先和明朝有關係。因此，清朝寫的一些歷史書把這幾百年間建州和明朝的關係整個刪掉了，把這段歷史的真實情況隱瞞起來，說他們的祖先從來就是獨立的，跟明朝沒有關係。凡是記載他們的祖先與明朝的關係的歷史書，他們都想辦法搜來毀掉。《四庫全書總目提要》後附有一部分禁毀書目，大體上有兩類：一類是書裡面有某些文章對清朝表示不滿的；另一類就是牽涉清朝的祖先的。這也是一種地方民族主義思想在作怪。因此，這一段歷史很長時間被埋沒了，最近二三十年才有人進行研究。

現在講講建州這個部族的發展變化。建州在過去叫女真，金朝就是女真族建立的，建州就是金的後代。為甚麼叫建州呢？因為他們居住的地區長白山一帶就叫建州。後來努爾哈赤統治了東北，建立了政權，國號仍稱為「後金」，到了他兒子的時候才改國號為「清」。建州在明朝初年的時候，還沒有進入農業社會，還不知道種地，生產很落後，文化當然也很落後。那時他們靠甚麼生活呢？靠打獵、採人參過活，把獸皮、人參等一些奇特的物產跟漢人、朝鮮人交換他們所需要的布匹、鐵鍋一類的東西，所以建州人的經濟生活跟漢人、朝鮮人分不開。後來由於人口的增加，對糧食的生產感到很迫切了，但是他們自己不會種，怎麼辦呢？找漢人、朝鮮人替他們種。於是通過戰爭把漢人、朝鮮人俘虜過去做他們的奴隸。有大量的漢文和朝鮮資料説明建州族的農業生產是農奴生產，建州貴族自己是不參加農業勞動的，農奴也不是他們本族人，而是俘虜來的漢人和朝鮮人。

他們通過以物換物的方法從漢人那裡取得鐵器。到了十五世紀後期，他們俘虜了一些漢人鐵匠，自己開始開礦、煉鐵。有了鐵器，生產水平提高了。到了努爾哈赤的時候，通過戰爭把原來的許多小部族統一起來，定居在遼陽以南一個叫赫圖阿拉的地方。努爾哈赤一方面統一了東北的許多部族，另一方面他又用很大的力量來接受漢人的文化，在他左右有一批漢族的知識分子。他和過去的封建帝王一樣，注意研究歷史，接受歷史上的經驗教訓，來制定他的政策方針和軍事鬥爭方針。

上面簡單地談了一下建州的社會發展過程。現在我們來講講建州跟明朝的關係。在明朝初期，建州分為三種：分佈在現在的松花江一帶的叫海西女真，因為松花江原來的名字叫海西江；分佈在長白山一帶的叫建州女真，因為這些人主要居住在現在的依蘭縣，這個地方在歷史上曾建立過一個國家，叫作「渤海國」，渤海國人把依蘭縣稱為建州，因此住在這個地方的女真人稱為建州女真；住在東方沿海一帶的叫「野人女真」，「野人女真」的文化最落後。海西和建州又稱為熟女真，「野人女真」又稱為生女真。「野人女真」經常活動在忽剌溫江一帶，因此野人女真又稱為忽剌溫女真，也叫「扈倫」。從歷史發展來看，熟女真是金的後代，生女真可能是另外一個種族。這三種女真分佈的地區大致是這樣：東邊靠海，西邊和蒙古接近，南邊是朝鮮，北邊是奴兒干（包括現在的庫頁島）。在明朝建國以後，西邊就是明朝，南邊是朝鮮，北邊是蒙古。

在明朝幾百年間，東北建州族的歷史也就是跟蒙古、朝鮮、明朝三方面發生關係的歷史。明朝初期，有一部分建州族住在朝鮮境內，他們和朝鮮的關係很深，有一些酋長還由朝鮮政府封官。同時，這些酋長又和明朝發生關係，明朝也給他們封官號。明朝對這三種女真採取甚麼政策呢？採取分而治之的政策。所謂分而治之就是不讓他們團結成為一個力量，老是保持若干個小的單位。所以從明太祖建國以後起，直到明成祖的幾十年間，明朝經常派人到東北地區去，跟三種女真各個地區的酋長聯繫，封他們官，建立了一百多個衛所，用這些酋長充當衛所的指揮使。這樣做對這些女真族的上層分子有沒有好處呢？有好處，他們接受了明朝的官位以後，就得到了一種權力。明朝政府給他們一種許可證，當時叫作「勘合」，有了這種「勘合」就可以在每年一定的時候到明朝邊界來做買賣，沒有這個東西就不行。對那些大頭頭，明朝政府就封他們為都督。歷史上最早的建州族領袖有這麼幾個人，一個叫猛哥帖木兒（這是蒙古名字，當時受蒙古的影響），另一個叫阿哈出。這兩個人是首先跟明朝來往，受明朝政府封官的。猛哥帖木兒後來成為明朝所建立的建州左衛的酋長，阿哈出是建州衛的指揮使。根據朝鮮的歷史記載，阿哈出和明成祖有過親戚關係（這點在漢文的記載中沒有）。永樂時代，明朝又派了大批官員到東北庫頁島地區建立了一個機構，叫「奴兒干都司」。至此，明朝前前後後在東北地區建立了一百八十四個衛所。這些衛所建立以後，明朝政府有甚麼軍事行動，譬如跟蒙古打仗，這些建州酋長就派兵參加明朝的軍隊。這樣，他們慢慢由原住的地方往西移，越來越靠近遼東（就是現在的遼東半島）。他們一方面跟明朝的關係很好，另一方面也經常發生矛盾。矛盾表現在兩個方面：一方面是前面所說的，他們為取得農業和手工業生產的勞動力，就俘虜漢人，這樣就引起了衝突；另一方面就是通商，物資上的交換得不到滿足的時候，也發展成為軍事衝突。同樣，建州和朝鮮的關係也是如此，有和平時期，也有戰爭時期。

經過幾十年以後，原來的一百八十四個單位發生了變化，有的小單位併到大單位裡去了，單位的數目減少了，但是軍事力量強大起來。在這種情況下，建州族某些酋長有時就依靠朝鮮來抗拒明朝，有時又依靠明朝來抗拒朝鮮。結果，明朝政府便跟朝鮮政府商量，在一四三八年，兩方面的軍隊合起來打建州，殺了一些建州領袖。建州因為遭受到這次損失，在原來的地方待不下去了，於是就搬到渾河流域，在赫圖阿拉住下來。原來左右衛是分開的，到了這裡以後，兩個衛所合在一起了。這樣，它的力量反而比過去更強大了。到了萬曆時代，右衛酋長王杲和他的兒子阿台跟明朝發生了衝突。當時明朝在東北的軍事總指揮叫李成梁。他是朝鮮族人，是一個很有名的軍事將領。他把王杲、阿台包圍起來。右衛被包圍了，而左衛酋長叫場和他的兒子塔失是依靠明朝的，他們給李成梁當嚮導。結果明朝的軍隊大舉向右衛進攻，把王杲、阿台殺死了。同時把叫場、塔失也殺死了。塔失的兒子是誰呢？就是努爾哈赤，所以努爾哈赤以後起兵反對明朝時提出了七大恨，其中有一條就是明朝把他的父親和祖父殺害了。

努爾哈赤在他父親和祖父死時還很年輕，當時部族裡剩下的人很少了，明朝後期的歷史記載說李成梁把他收養下來，所以他從小就接受了漢族文化。長大以後，他就把自己部族的力量組織起來，他採取依靠明朝的方針，把建州族俘虜的漢人奴隸送回明朝，這樣便取得了明朝政府的信任。一五八七年，他以自己的軍事力量把附近地區的部族吞併了。一五八九年被明朝封為都督，力量得到了發展。這個時候，建州部族裡面另外兩支強大的軍事力量發生衝突和殘殺，努爾哈赤就利用這次衝突來發展自己的實力。日本侵略朝鮮的時候，他表示願意幫助明朝打日本，結果明朝和朝鮮都拒絕了他。一五九五年，明朝政府封努爾哈赤為龍虎將軍，他成了東北地區軍事實力最強大的領袖。

正當努爾哈赤的力量越來越強大的時候，明朝政府內部發生了許多問題。一五八九年，播州土司起兵反抗明朝，打了十幾年的仗。一五九二年在現在的寧夏地區，少數民族的反抗又引起了戰爭，同一年豐臣秀吉侵入朝鮮，接連打了七年仗。在這樣的情況下，明朝自己的問題很多，就顧不上努爾哈赤了。努爾哈赤利用這個機會更加積極地發展自己的力量，統一各個部族。他統一的方法有兩個：一個方法是用軍事力量征服；另一個方法是通婚，通過婚姻關係把許多部族組織起來。到了一六一五年，東北遼東半島以東的大部分地區已經被努爾哈赤所統一了。軍事力量壯大以後，他建立了自己的軍事制度。一六〇〇年，他規定三百人組成一個牛錄（大箭的意思），一六一五年又進一步把五個牛錄組成為一個甲喇，五個甲喇組成為一個固山。他一共有四個固山，每一個固山有一面旗，分為紅、黃、藍、白四個旗，共有三萬兵力。後來軍事力量更加強了，俘虜的人更多了，於是又增加了四個旗，就是鑲紅旗、鑲黃旗、鑲藍旗、鑲白旗，一共為八個旗。後來征服了蒙古族，組成為蒙古八旗，再後來又把俘虜的漢人組成為漢軍八旗。他的軍事組織跟生產組織是統一的，每一個牛錄（三百人）要出十人、四頭牛來種地，每家要生產一些工藝品。一六五九年開始開金礦、銀礦，並建立了冶鐵手工業。這一年他創造了文字，用蒙古文字和建州語創造了一種新的文字，這種文字後來就成為老滿文，加上標點就變成新滿文。一六一六年（萬曆四十四年），努爾哈赤自稱為皇帝，國號「後金」，年號「天命」，他認為他的一切都是上天的指示。他這個家族自己搞了一個姓，叫「愛新覺羅」。愛新覺羅是甚麼意思呢？在建州話裡，愛新是金，覺羅是族，就是金族。用這個來團結組織東北女真族的力量。從他的國號和姓就說明他是繼承金的。兩年以後，他出兵攻打明朝。以上講的就是努爾哈赤以前東北建州的具體情況，這些情況說明甚麼呢？

(1) 建州這個部族並不是像清朝的史書上所記載的那樣，是從努爾哈赤才開始的。而是從明朝初年起，建州族就在東北地區活動。

(2)建州族和明朝、蒙古、朝鮮三方面都有關係。可以明顯地看出，猛哥帖木兒就是蒙古名字。漢人、蒙古、朝鮮的文化對它都有影響。它接受了這幾方面的東西提高了自己。

(3)明朝對東北女真族的政策是分而治之，但這個政策後來失敗了。女真各部要求團結，從生活和文化的提高來說，從加強軍事力量來說，都需要團結在一起。儘管中間遭到一些挫折，但是並不能阻止三種女真的團結。努爾哈赤一生的活動主要是為了實現這個願望，他統一了東北許多部族。統一是好事還是壞事呢？應該說是好事情，不是壞事。努爾哈赤統一東北的各個部族，在民族發展的歷史上是有貢獻的。

(4)東北建州部族社會發展的過程是：初期過着遊牧生活，不善於耕種。後來俘虜漢人、朝鮮人去耕種，有了農業生產；同時也懂得了使用鐵器、生產鐵器，初步提高了自己的生活水平和生產水平。努爾哈赤取得了瀋陽、遼陽以後，封建化的過程加快了，在很大的程度上接受了漢人的文化和生產方式。但是必須了解，建州族在其發展過程中是有自己的特點的。上面所說的八旗，表面上是軍事組織，實際上是社會組織和生產組織，這三者是統一的。八旗軍隊在出去打仗的時候，明確規定俘虜到的人口和物資應該拿出一部分交給公家，剩下的才歸自己。在努爾哈赤時代，八旗的頭子還都有很大的權力，許多事情都要經過他們共同商量，取得他們的同意後才能做出決定。這種情況一直到努爾哈赤的兒子清太宗的時候才改變，才提高了皇帝的地位，而把八旗首領的地位降低了。

最後講講「滿洲」這個名字的來源問題。這個名字到底是從甚麼地方來的？現在還沒有完全解決。根據明朝的歷史記載，在清太宗以前從來沒有出現過「滿洲」這個名字。一直到清太宗時才稱「滿洲」，後來又稱為「滿族」。在外國的地圖上把中國的東北叫滿洲，後來我們自己也跟着外國人這樣叫。現在可能的解釋是：建州族信仰佛教，佛教裡有一個佛叫作「文殊」，滿族人把文殊念作「滿住」。一三四八年明朝跟朝鮮合起來打建州，很多建州人被殺，其中有一個領袖就叫李滿住（女真族裡有不少人叫滿住，用宗教上的名詞作為自己的名字）。可能滿洲就是從滿住演變而來的，從「文殊」演變為「滿住」，又從「滿住」演變為「滿洲」，這是一個試探性的解釋，還不能說是科學的結論，其他方面的材料還沒有。因此，究竟為甚麼叫滿洲，現在還不能下最後的結論。

以上我們介紹了建州的一些情況。我們對待漢族和滿族的關係，也應該像對待漢族和蒙古族的關係一樣。在明朝，漢族和滿族之間是打過仗，但是更多的時候是不打仗的。清太宗改國號為清，到清世祖順治（一六四四）入關，正式建立了清朝。清朝統治中國二百多年，它是中國歷史上最後的一個王朝。清朝末年一些革命黨人進行「反滿鬥爭」，出了不少的書，宣傳清朝的黑暗統治，宣傳「反滿」。這在那個時期是必要的，可是經過幾十年，到了現在我們如果還是這樣來對待滿族就不應該了。我們是多民族的國家，各個民族一律平等。一方面要承認清朝進行過多次非正義的戰爭，有過黑暗統治；另一方面也要承認清朝統治的二百多年並不都是黑暗時代，其中有一個時期的歷史是很輝煌的。譬如像康熙、乾隆時代就是清朝的全盛時代，這個時代不但鞏固了國家的統一，而且有所發展。我們中國今天的疆域是甚麼時候造成的？是康熙、乾隆時代奠定的。我們繼承了他們的遺產，所以毛主席說：「今天的中國是歷史的中國的一個發展⋯⋯我們不應當割斷歷史。」我們對清朝的歷史必須要有足夠的估價，對康熙、乾隆鞏固國家的統一、發展國家的統一也要有足夠的估價，應該給它以應有的尊重，不但對歷史應該給予應有的尊重，今天在民族關係上也應該注意這點。解放以後，中央曾經發出過這樣的指示，就是「滿清」兩個字不要連用。清朝就是清朝，滿族就是滿族，要把清朝統治者和廣大的滿族人民區別開，並不是所有的滿族人都是清朝的統治者，滿族人民在清朝統治下同樣是受剝削、受壓迫的。至於清朝統治者，他們做過壞事，但是在有些事情上也做過好事，而且做了很大的好事，應該從歷史事實出發，好就是好，不好就是不好。

注釋：

＊ 編者注：本書成稿於上世紀六十年代，原為吳晗一九六二年在中央高級黨校講課時的記錄稿。

幾個問題

現在講第二部分，這一部分包括兩個問題：鄭和下西洋的問題；資本主義萌芽問題。

鄭和（三保太監）下西洋

首先說明西洋是指甚麼地方。明朝時候把現在的南洋地區統稱為東洋和西洋。西洋指的是現在的印度支那半島、馬來半島、印度尼西亞、婆羅洲等地區；東洋指的菲律賓、日本等地區。在元朝以前已經有了東、西洋之分，為甚麼有這樣的分法呢？因為當時在海上航行要靠針路（指南針），針路分東洋指針和西洋指針，因此在地理名詞上就有「東洋」和「西洋」。鄭和下西洋指的是甚麼地方呢？主要是指現在的南洋群島。

中國人到南洋去的歷史很早，並不是從鄭和開始的。遠在公元以前，秦朝的政治力量已經達到現在的越南地區。到了漢武帝的時候，現在的南洋群島許多地區已經同漢朝有很多往來。這種往來分兩類：一類是官方的，即政府派遣的商船隊；一類是民間的商人。可是像鄭和這樣由國家派遣的船隊，一次出去幾萬人、幾十條大船（這些船是當時世界上最大的船，也就是當時世界上最大的海軍），不但到了現在南洋群島的主要國家，而且一直到了非洲。其規模之大、人數之多、範圍之廣，是歷史上前所未有的；就是明朝以後也沒有。這樣大規模的航海，在當時世界歷史上也沒有過。鄭和下西洋比哥倫布發現新大陸早八十七年，比迪亞斯發現好望角早八十三年，比達·伽馬發現新航路早九十三年，比麥哲倫到達菲律賓早一百一十六年，比世界上所有著名的航海家的航海活動都早。可以說鄭和是歷史上最早的、最偉大的、最有成績的航海家。

問題是為甚麼在十五世紀的前期中國能派出這樣大規模的航海艦隊，而不是別的時候？這個問題歷史記載上有一種說法，說鄭和下西洋僅僅是為了尋找建文帝的下落。這種說法是不正確的。上次我們講到，明成祖從北京打到南京，奪取了他的侄子建文帝的帝位。建文帝是明太祖的孫子，他做了皇帝以後，聽信了齊泰、黃子澄等人的意見，要把他的一些叔叔——明太祖封的親王的力量消滅掉，以加強中央集權。他解除了一些親王的軍事權力，有的被關起來，有的被廢為庶人，於是燕王便起兵反抗，打了幾年，最後打到南京。歷史記載說燕王軍隊打到南京後，「宮中火起，帝不知所終」。「帝不知所終」這句話是經過了認真研究的，因為當時宮裡起了火，把宮裡的人都燒死了，燒死的屍首分不清到底是誰，於是就產生了建文帝到底死了沒有的疑案。假如沒有死，他跑出去了的話，那麼，他就有可能重新組織軍隊來推翻明成祖的統治，從當時全國的形勢來看是存在這個問題的，因為建文帝是繼承他祖父明太祖的，全國各個地方都服從他的指揮。明成祖雖然在軍事上取得了勝利，但是並沒有把建文帝的整個軍事力量摧毀，他的軍事力量只是在今天從北京到南京的鐵路沿線上，其他地方還是建文帝原來的勢力。因此，明成祖就得考慮建文帝到底還在不在。如果是逃出去了，又逃到了甚麼地方？他得想辦法把建文帝逮住，於是他派了禮部尚書（相當於現在的內務部長）胡濙，名義上是到全國各地去找神仙（當時傳說有一個神仙叫張三丰），實際上是去尋找建文帝，前後找了二三十年。《明史·胡濙傳》說胡濙每次找了回來都向明成祖報告，最後一次向皇帝報告時，成祖正在軍中，胡濙講的甚麼別人都聽不到，只見他講了以後明成祖很高興。歷史家們認為，最後這一次報告，可能是說建文帝已經死了。另外，明成祖又怕建文帝不在國內，跑到國外去了，所以他在派鄭和下西洋的時候，要鄭和在國外也留心這件事。這是可能的，但這不是鄭和下西洋的主要目的，鄭和下西洋主要是由於經濟上的原因。

這裡插一個問題，講講明成祖和建文帝之間的鬥爭說明了甚麼問題。明成祖以後的各代對建文帝的下落一事也非常重視。萬曆皇帝就曾經同他的老師談起這個問題，問建文帝到底到哪裡去了，為甚麼經過一百多年還搞不清楚。當時出現了很多有關建文帝的書，這些書講建文帝是怎麼逃出南京的，經過些甚麼地方，逃到了甚麼地方。有的書說他到了雲南，當了和尚；跟他一起逃走的那些人也都當了和尚。諸如此類的傳說越來越多。此外，記載建文帝事跡的書也越來越多。這說明甚麼問題呢？說明一個政治問題。建文帝在位期間，改變了他祖父明太祖的一些做法，他認為明太祖所定下來的一些制度，現在經過了幾十年，應該改變。當時建文帝周圍的一些人都是些儒生，缺乏實際鬥爭經驗，他們自己出的一些辦法也並不高明。儘管如此，建文帝的這種舉動還是得到了不少人的支持，但是明成祖起兵反對他。在明成祖看來，明太祖所規定的一切制度都是盡善盡美的，他不容許建文帝改變祖先的東西。因此，明成祖和建文帝之間的鬥爭就是保持還是改變明太祖所定的舊制度的鬥爭，在這個鬥爭中建文帝失敗了。明成祖做了皇帝以後，把建文帝改變了的一些東西又全部恢復過來，一直到明朝滅亡，二百多年都沒有變動。

在這種情況下，有不少的知識分子對明成祖的政治感到不滿，不滿意他的統治。他們通過甚麼方式來表達這種不滿呢？公開反對不行，於是通過對建文帝的懷念來表達。他們肯定建文帝，讚揚建文帝。實際上就是反對明成祖。因此，關於建文帝的傳説就越來越多了。現在我們到四川、雲南這些地方旅行，到處可以發現所謂建文帝的遺址。這裡有一個廟説是建文帝住過的，那裡有一個寺院，裡頭有幾棵樹，説是建文帝栽的。有沒有這樣的事情呢？沒有。明末清初有個文人叫錢謙益（這個人政治上很糟糕）寫了文章專門研究這個問題。當時許多書上都説：當南京被燕兵包圍時，城門打不開，建文帝便剃了頭髮，跟着幾個隨從從下水道的水門跑出去了。錢謙益説這靠不住，南京下水道的水門根本不能通出城去。他當時做南京禮部尚書，宮殿裡的情況是很熟悉的。此外，還有很多不合事實的傳說，他都逐條駁斥了。最後他做了這樣的解釋，假如建文帝真的跑出去了，當時明成祖所統治的地區只是從北京到南京的交通線附近，只要建文帝一號召，全國各地都會響應他，他還可以繼續進行鬥爭，但結果沒有這樣。這就可以得出一個結論：建文帝是死在宮裡了。但當時不能肯定，萬一他跑了怎麼辦？所以就派人去找。我認為這樣解釋比較說得通。

現在我們繼續講鄭和下西洋的問題。如果說鄭和下西洋的主要目的是為了找建文帝，那是不合事實的；但也不能說完全沒有這方面的動機。因為當時的懷疑不能解決，通過他出去訪問，讓他注意這個問題是可能的。那麼，鄭和下西洋的主要目的到底是甚麼呢？這就是上次所說的，是國內經濟發展的必然結果。經過一三四八年到一三六八年二十年的戰爭，經濟上受到了很大的破壞。但是經過洪武時期採取的恢復生產、發展生產的措施以後，人口增加了，耕地面積擴大了，糧食、棉花、油料的產量都提高了，人民的生活有了改善，政府的財政稅收比以前多了。隨之而來，對國外物資的需要也增加了。這種對國外物資需要的增加主要在兩個方面：一方面是人民日常生活所需要的物資，主要是香料、染料。香料主要是用在飲食方面做調料，就是把菜做得更好一些，或者使某種菜能收藏得更久，像胡椒就是人民所需要的東西。胡椒從哪裡來呢？是從印度來的，一直到現在還是如此。還有其他許多香料也大多是從南洋各島來的，在南洋有個香料島，專門出產香料。另一種是染料，為甚麼對染料的需要這樣迫切呢？明朝以前，我們的祖先常用的染料都是草木染料，譬如藍色是草藍，或者是礦物染料。這樣的染料一方面價錢貴；另一方面又容易褪色，進口染料就可以解決這些問題。朝鮮族喜歡穿白衣服，我們國內有些人也喜歡穿白衣服，為甚麼？原因很簡單，因為買不起染料。封建社會裡，皇帝穿黃衣服，最高級的官穿紅衣服，再下一級的官穿紫衣服、穿藍衣服，最下等的穿綠衣服。為甚麼用衣服的顏色來區別呢？也很簡單，染料貴，老百姓買不起染料，只好穿白衣服。所以古人說「白衣」「白丁」，指的是平民。這些封建禮節都是由物質基礎決定的，因此就有向國外去尋找染料的要求。這是一方面，是人民的日常生活所需要的。另外一方面是毫無意義的消費品，主要是珠寶，這是專門供貴族社會特別是宮廷裡享受的。有一種寶石叫「貓兒眼」，還有一種叫「祖母綠」，過去誰也不知道是甚麼樣子，只知道是寶石，最近我們在萬曆皇帝的定陵裡發現了這兩種東西，這些東西都是從外國買來的。除了珠寶以外，還有一些珍禽異獸，當時的人把一種獸叫作麒麟，實際上就是動物園裡的長頸鹿。與對外物資需要增加的同時，由於國內經濟的發展，一些可供出口的物資，如綢緞、瓷器（主要是江西瓷，其他地區也有一些）、鐵器（主要是生產工具）的產量也增加了。

除了經濟上的條件以外，還有一個很重要的條件，就是當時中國對外的航海通商已有悠久的歷史。從秦朝開始，經過唐朝、南宋到元朝，在這個漫長的時期內，政府的商船隊、私人的商船隊不斷出去。有些私人商船隊發了財。到了明朝，由於長期的積累，已經具備了豐富的航海知識和有經驗的航海人員。有了這些條件，就出現了從明成祖永樂三年（一四〇五）到他的孫子明宣宗宣德八年（一四三三）近三十年之間以鄭和為首的七次下西洋的事跡。

鄭和出去坐的船叫作「寶船」，政府專門設立了製造寶船的機構。這種船有多大呢？大船長四十丈，寬十八丈；中船長三十七丈，寬十五丈。當時在全世界再沒有比這更大的船了。一條船可以載多少人呢？根據第一次派出的人數來計算，平均每條船可以坐四百五十人。每次出去多少人呢？有人數最多的軍隊，此外還有水手、翻譯、會計、修船工人、醫生等，平均每次出去二萬七八千人。這樣的規模是了不起的，後來的哥倫布、麥哲倫航海每次不過三四隻船，百把人，是不能和這相比的。誰來帶領這麼多人的航海隊呢？明朝政府選擇了鄭和，因為鄭和很勇敢，很有能力。同時，當時南洋的許多國家都是信仰回教的，而鄭和也是個回教徒（但他同時也信仰佛教），他的祖父和父親都曾經朝拜過麥加。回教徒一生最大的願望就是到麥加去磕一個頭，凡是去過麥加的人就稱為哈只。選派這樣的回教徒到信仰回教的地方去就可以減少隔閡，好辦事。在鄭和帶去的翻譯裡面也有一些人是回教徒，這些人後來寫了一些書，把當時訪問的一些國家的情況記載了下來，這些書有的流傳到現在。有人問：鄭和是雲南人，他怎麼成了明成祖部下的大官呢？

這很簡單，洪武十四年（一三八一）的時候，明太祖派兵打雲南，把元朝在雲南的殘餘勢力打敗了，取得了雲南。在戰爭中俘虜了一些人，鄭和就是在這次戰爭中被俘虜的，他當時還是一個小孩，後來讓他做太監，分給了明成祖。他跟明成祖出去打仗時，表現很勇敢，取得了明成祖的信任，因此明成祖讓他擔負了到南洋各國去訪問的任務。

他們第一次出去坐了六十二艘大船，帶了很多軍隊。這裡發生了這樣的問題：他們既然是到外國去通商、去訪問，為甚麼要帶這麼多軍隊？這是因為當時從中國去南洋群島的航線上有海盜，這些海盜不但搶劫中國商船，而且別的國家到我們這裡來做買賣的商船也搶。鄭和用強大的軍事力量把海盜消滅了，這樣就保證了航路的暢通。另外，為了防止外國來侵犯他們，也需要帶足夠的軍事力量。鄭和到錫蘭的時候，錫蘭國王看到中國商船隊的物資很多，他就搶劫這些物資，結果鄭和把他打敗了，並把他俘虜到北京，後來明朝政府又把他放回去，告訴他，只要你今後不再當強盜就行了。可見為了航行的安全，鄭和帶軍隊去是必要的。鄭和率領的軍事力量雖然很強大，用現在的話來說，他帶去了好幾個師的軍隊，而當時南洋沒有一個地區有這樣強大的軍事力量，但是鄭和的軍隊只是用於防衛的。他所進行的是和平通商，儘管當時有這樣的力量，這樣的可能，但是沒有佔領別人的一寸土地。後來，比鄭和晚一百年的西方人到東方來就不同了，他們一手拿商品，一手拿寶劍，把所到的地方都變成他們的殖民地，如葡萄牙人到了南洋以後就佔領了南洋的一些島嶼。當然，在我們的歷史上個別的時候也有佔領別人土地的事情，但總的來說，我們國家不是好侵略的國家，我們國家沒有佔領別國的領土，這和西方資本主義國家有本質的不同。根據當時保留下來的記載，可以看出鄭和和南洋各國所進行的貿易是平等的，而不是強加於人的。交易雙方公平議價，有些書上記載得很具體，說雙方把手伸到袖子裡摸手指頭議價，現在我們國內有些地方還用這種辦法。鄭和所到的地區都有中國的僑民，有開礦的，有做工的，有做買賣的，各方面的人都有，有的地方甚至是以華僑為中心，華僑在經濟上佔主導地位，因此鄭和每到一個地方都受到歡迎。

鄭和每到一個國家，除了把自己帶去的大量商品賣給他們外，也從這些國家帶一些商品到中國來。從第一次出去以後，他就選擇了南洋群島的一個島嶼作為根據地，貯積很多貨物，以此地為中心，分派商船到各地進行貿易等，各分遣船隊都回到此地後，再一同回國。在前後不到三十年的時間中，印度洋沿岸地區他都走到了，最遠到達了紅海口的亞丁和非洲的木骨都束。木骨都束是索馬里的首都，現在叫作摩加迪沙。摩加迪沙的市長訪問北京的時候，我們對他講：我們的國家五、六百年前就有人訪問過你們。他聽了很高興。

通過鄭和七次下西洋，中國和南洋的航路暢通了，對外貿易大大地發展了，出國的華僑也就更多了。通過這幾十年的對外接觸，中國跟南洋這些地區的關係越來越深，來往也越來越多。由於華僑的活動以及中國的先進的生產工具傳入這些國家，南洋地區的生產也越來越進步。所以，鄭和下西洋的歷史事實說明，我們這個國家有這樣一個很好的傳統，就是不去侵略人家。正因為這樣，直到現在，儘管時間過去了五六百年，但是鄭和到過的國家，很多地方都有紀念他的歷史遺址，因為鄭和叫三保（寶）太監，所以很多地方都用三寶來命名。像鄭和下西洋這樣的事以往歷史上是沒有的，明朝以後也沒有，這是明朝歷史上一件很突出的事情。

現在要問：鄭和第七次下西洋以後，為甚麼不去第八次呢？這裡有客觀的原因，也有主觀的原因。客觀原因是八十多年以後，歐洲人到東方來進行殖民活動，阻礙了中國和南洋諸國的往來。主觀的原因有這幾方面：第一，政治上的原因。明成祖死了以後，他的兒子做皇帝，這個短命皇帝很快又死了，再傳給下一代，這就是宣宗。宣宗做皇帝時宮廷裡由他的母親當權，政府則由三楊（楊士奇、楊榮、楊溥）掌握。三楊在朝廷裡當了二三十年的機要秘書，三個老頭加上一個老太太掌握國家大權，這些人和明成祖不一樣。明成祖有遠大的眼光，他們卻認為他多事，你派這麼多人出去幹甚麼，家裡又不是沒吃的、沒喝的。不過明成祖在世時他們不敢反對，明成祖一死，他們當了家，就不准派人出去了。第二，組織這樣的商隊需要一個能代替鄭和的人，因為鄭和這時已經六十多歲，不能再出去了。第三，經濟上的原因。從外國進口的物資都是消費物資，不能進行再生產。無論是香料還是染料，都是消費品，珠寶就更不用說了，更是毫無意義的東西。以我們的有用的絲綢、鐵器、瓷器來換取珠寶，這樣做划不來。雖然能解決沿海一些人的生活問題，但是好處不大，國家開支太多。所以，為了節約國家的財政開支，後來就不派遣商隊出國了。正當明朝停止派船出國的時候，歐洲人佔領了南洋的香料島，葡萄牙人佔領了我們的澳門。他們是用欺騙手段佔領澳門的，開頭他們向明朝的地方官說：他們的商船經常到這個地方來，遇到風浪把貨物打濕了，要租個地方曬曬貨物。最初還給租錢，後來就不給了，慢慢地侵佔了這個地方，一直到現在還佔領着。

從歐洲人到東方來佔領殖民地以後，中國的形勢就改變了。經過清朝幾百年，特別是鴉片戰爭以後，許多帝國主義國家從幾個方面包圍中國：印度被英國佔領了，緬甸被英國佔領了，越南被法國佔領了，菲律賓先被西班牙佔領，後又被美國佔領了，東方的日本走上了資本主義道路，向外進行侵略擴張活動。所以近百年的中國，四面被資本主義國家和帝國主義國家所包圍，再加上清朝政府的日益腐敗，就使中國逐步變成了半殖民地、半封建的國家，進入了半封建、半殖民地的社會。

資本主義萌芽問題

關於資本主義萌芽問題，現在學術界還在爭論，有許多不同的意見。有的人認為資本主義萌芽很早，有的人認為很晚，所提供的史料的時間性都很不肯定，從八世紀到十六、十七世紀都有，特別是關於《紅樓夢》的社會背景的討論展開以後更是如此。是在甚麼情況下產生了《紅樓夢》這部作品呢？它的社會基礎是甚麼？《紅樓夢》中的賈寶玉反對科舉、尊重婦女的思想是從哪裡來的？他罵念書人，罵那些舉人、秀才都是祿蠹，說女孩子是水做的，男人是泥做的，這樣的思想認識是在甚麼情況下發生的？對於這一系列的問題提出了各種不同的看法，各有各的論據，而且關於「萌芽」這個詞的意義也有不同的理解。比如種樹，種子種下去以後，慢慢地露出了頭，這叫萌芽；又如泡豆芽菜，把豆子放在水裡，長出一點東西，這也叫萌芽。既然只是萌芽，它就不是已經成熟了的東西，還只是那麼一點點，假如是整棵的菜，那就不是萌芽，至於開了花、結了果的東西就更不是萌芽了，所以要把這些情況區別開。可是現在某些討論中存在有這樣的問題：將萌芽看成是已經開花結果的東西。這實際上就不是資本主義萌芽，而是資本主義的成熟階段了，還有人認為中國資本主義早已經成熟了，中國社會早已經進入了資本主義社會。這樣一來就發生了一系列的大問題：中國既然早已進入資本主義社會，那麼，怎麼解釋一八四〇年以後中國進入了半殖民地半封建的社會？一百年來我們反對封建主義、反對帝國主義的問題怎麼解釋？

關於這個問題，我自己有些看法，也不一定成熟，提出來大家討論。我想，要説明某個時期有某個事物萌芽，必須要有一個界限。這個界限是甚麼呢？就是要具體地指出一些事實，這些事實是以往的時期所不可能發生和沒有發生過的，只有到了這個時候才能發生的。沒有這個界限就會把歷史一般化了，試問：這個時期發生過，一百年以前發生過，五百年以前也發生過，這怎麼能説明問題？而且這些新發生的東西不應該是個別的。僅僅只在某個時期、某個地區出現的個別的東西能不能説明問題呢？不能説明問題。因為我們的國家這樣大，經濟發展不平衡，有先進的，有落後的，沿海和內地不同，平原和山區也不同。不要説別的地方，就説北京吧，全市面積有一萬七千平方千米，市內和郊區就不同，因此，個別時期所發生的個別的事情也會有所不同。所以作為一個事物的萌芽，必須是這個東西過去沒有發生過，現在發生了，而且不是個別的，只有這樣看才比較科學。現在我們根據這個精神來看資本主義萌芽問題。我想把問題局限在十四世紀到十六世紀所發生的主要事件上面，特別是十六世紀中葉這個明朝人自己已感覺到發生巨大變化的時期，着重提出那些在這時期以前所沒有發生，或雖已發生而很不顯著，這個時期以後成為比較普遍、比較顯著的一些問題。

第一，關於手工工場。在明朝初年的時候，有一個人叫徐一夔，他寫了一本書叫《始豐稿》，這本書裡面有一篇文章叫《織工對》。這篇文章講到元末明初，在浙江杭州地方有許多手工業紡織工場，這些紡織工場的經營方式是怎樣的呢？有若干間房子和若干部織機，工人都是雇工，他們不佔有生產工具。生產工具是誰的呢？是工場老闆的。老闆出房子、出機器、出原料，工人出勞動力；工人在勞動以後可以取得若干計日工資，工資隨着工人的技術熟練程度不同而有高有低，其中有一些技術水平比較高的，可以得到比一般工人加倍的工資，假如這家工場不能滿足他的要求，別的工場可以拿更高的工資把他請去；勞動強度很高，工人弄得面黃肌瘦。這是元末明初（十四世紀）的情況，當時這樣的工場在杭州不止一個。但是能不能說在十四世紀時就已經普遍地有了資本主義萌芽呢？因為只有這一個地區的資料，我看不能。但是從這裡可以看出，在十四世紀中期，個別地區已經有了這樣相當大的手工工場，老闆通過這樣的生產手段來剝削雇傭工人的歷史事實。這說明當時已經有一部分農村勞動力轉化為城市雇傭勞動者，這種情況在十四世紀以前是沒有的。

第二，新的商業城市興起。在討論中有不少文章籠統地提到明朝有南京、北京、蘇州等三十三個新的商業城市，來說明這個時期商業的發展。有三十三個商業城市是不錯的，但是時間有問題，因為並不是整個明朝都是這樣的情況。事實上，這些城市之成為商業城市是在明成祖以後。明成祖建都北京後，為了解決糧食的運輸問題，把運河挖深、加寬了。這樣，通過水運不僅保證了糧食的運輸，其他商品的運輸也暢通了，因而促進了南北物資的交流。這樣，到了宣宗（十五世紀中期）時期，沿運河一帶的許多城市開始繁榮起來。這時候，由於農業、手工業的發展，國內市場擴大了。這是一方面。另一方面，當時為了保證貨物的流通，沿長江、運河及布政使司所在地建立了三十三個鈔關。明朝用的貨幣叫寶鈔（紙幣），關於紙幣的情況這裡不能詳細說了，只說明一條，明朝的紙幣很不合理，它不兌現，開頭拿一張鈔票還能換到一些物資，後來就不行了。政府只發鈔票，越發越多，超過了實際物資的幾百倍，在這種情況下，鈔票就貶值了。明朝政府為了提高鈔票的信用，採取收回鈔票的政策。怎樣收回呢？其中一個辦法就是增加稅額。因此，就在各個商業城市設立了一個機構，叫作「鈔關」，一共設立了三十三個鈔關。鈔關幹甚麼呢？就是向往來的貨物收稅，納稅時就用鈔票交納。鈔關設在商業城市，有三十三個鈔關就有三十三個商業城市，這是不錯的，但有些人就根據這個數字說整個明朝只有三十三個商業城市，這就不確切了。因為設立鈔關是明宣宗時候的事情，宣宗以前沒有，而就商業城市來說，在明成祖的時候就不止三十三個，後來又有所增加。因此，不標明確切的時間，以一個時期的情況來概括整個明朝，是不符合當時存在的客觀事實的。隨着商業城市的增加，商人、手工業工人也增加了，這就形成了一個市民階層（這個階層主要是指手工業者、中小商人），這些人為了保衛他們自己的利益，建立了很多行會，有事情共同商量，採取一致的行動，在這種情況下就發生了明朝末年的市民暴動。這裡應該指出，所謂「市民」這個概念不能亂用，有些人把當時的進士、舉人、秀才等官僚都算作市民，這就模糊了階級界限，這些人都是當時的統治者，不是被統治者。把市民階層擴大化，混淆統治者與被統治者之間的界限，這是不對的。

第三，倭寇、葡萄牙海盜和沿海通商問題。明朝中葉，以朱紈為中心的一派人反對對外通商，對海盜採取鎮壓的政策，因而引起沿海地主階級的反對，形成一個政治上的鬥爭，在這個鬥爭中，朱紈最後失敗了。這種性質的鬥爭在以往的歷史上是從來沒有過的。漢朝、唐朝、宋朝、元朝都有過對外通商，有時還很繁盛，大量的中國人到海外去經商；不但如此，國內有不少地方還住有許多外國商人。在唐朝的時候，廣州就有數量眾多的蕃商，其中主要是阿拉伯人，他們住的地方叫蕃坊，其他如揚州、長安等地方也住了不少的外國商人，對外通商也很頻繁。但是像明朝那樣，代表通商利益的官僚地主在政治上形成一種力量，和內地一些反對通商的地主進行鬥爭，這種鬥爭並影響到政府的政策，這種情況卻是以往的歷史上所沒有的。為甚麼明朝會出現這種新的情況呢？因為明朝國內、國外的市場日益擴大，商業資本日益發展，商人地主在政府裡有了自己的代言人。商人地主在政治上有了地位，這在歷史上是個新問題。關於這個問題，近年來也有人持不同的意見。北京大學有個學生寫了一篇文章，說朱紈鎮壓海盜是愛國的行為。朱紈是個愛國者，這觀點是沒有問題的，朱紈確實是愛國者，可是不能拿這個來否認當時在政治上存在着的不同意見。當時已經出現了代表沿海通商地主利益的政治活動家，這和朱紈是否愛國是兩回事。我們並沒有說朱紈不愛國，這點不必爭論，問題在於這個時期出現了兩種不同的意見，一種意見主張通商，一種意見反對通商，這是歷史事實，是過去所沒有的。

第四，內地的某些官僚地主也參加商業活動和經營手工工場。這方面的例子很多，大家所熟悉的《遊龍戲鳳》中的正德皇帝（明武宗），他就開了許多皇店，這是十六世紀初期的事情。嘉靖時有個貴族叫郭勳（《三國演義》最早的刻本是他搞的），在北京開了許多店舖，另外有個外戚叫周瑛，在河西務開店肆做買賣。現在這個地方已經很蕭條了，可是在明朝的時候，由於南方的糧食、物資運到北方來都要經過這裡，因此是個很繁華的地方。這樣的例子舉不勝舉。在地方上，明朝四品以上的官到處經商。四品有多大呢？知府就是四品，知縣是七品。原來明朝有一條規定，禁止四品以上的官員做買賣。但是行不通，事實上官做得越大，買賣也做得越多越大，特別是像蘇州這樣的地方，很多退休官員開各種各樣的舖子，有的發了大財，成了百萬富翁。官員經商過去也有，但是在明初還多半是武官，到了明朝中葉這種情況就改變了，不但武官經商，文官也經商；不但小官經商，大官也經商；不但經商，而且還經營手工工場。華亭人徐階做宰相時，「家中多蓄織婦，歲計所織，與市為賈」，這種現象也是過去沒有過的。過去的官僚認為做買賣有失身份，社會上看不起，士、農、工、商，商放在最後，孟子就罵商人是「壟斷」，認為他們不花勞動，出賣別人生產的東西從中取利，是不道德的事情，有身份的人不幹這種事。漢朝以來，各個歷史時期都曾不同程度地實行過重農抑商的政策，當時社會上一般是看不起商人的，當然也有個別地區有個別例外的情況。但是到十六世紀以後，這種看法就改變了，不只武官，就連皇帝、貴族、官僚都搶着做買賣，商人的社會地位也提高了。

第五，當時的人對這個時期社會情況變化的總結。十六世紀中期社會經濟情況發生的變化，明朝人看得很清楚，有不少人就各方面變化的情況做出了總結。

首先，從社會風俗方面來說，明朝人認為嘉靖以前和嘉靖以後是兩個顯著不同的時代，有不少著書的人指出了正德、嘉靖以後社會風俗的變化。在嘉靖以前，婦女的服裝很樸素，嘉靖以後變了，很華麗，講究漂亮了。宴會請客，原來一般是四碗菜一碗湯，後來變成六碗、八碗，以至十二碗、十六碗菜。山東《鄆城縣誌》記載在嘉靖以前老百姓很樸素、很老實，嘉靖以後變了，講排場了，普通老百姓穿衣服向官僚看齊，向知識分子看齊，窮人飯都吃不上，找人家借點錢也要講排場。總之，從吃飯、娛樂到家庭用具都不像過去了。這個時候，看到一些老實、樸素的人，大家認為不好，恥笑他。《博平縣誌》講嘉靖以後過去好的風氣沒有了，過去鄉村裡沒有酒店，也沒有遊民，嘉靖中期以後變了，到處都有酒店，二流子很多。當時有一種風氣，一個人有名，有字，還要起別號，嘉靖皇帝就有很多別號，不但知識分子起別號，就連乞丐也有別號。

其次，在文化娛樂方面，嘉靖以前唱的歌曲主要是北曲，嘉靖以後南曲流行了，而且唱的歌詞主要是講男女戀愛的。嘉靖以前不大講究園亭建築，嘉靖以後，到處修假山、建花園，光南京就有園亭一百多所，蘇州有好幾十所，北方就更多了，清華園這些地方都是過去的園亭。明朝前期有一條規定，官員禁止嫖娼妓，嘉靖以後，這個紀律不生效了，文人捧妓女成為風氣，為她們寫詩、寫文章，甚至選妓女為狀元、榜眼、探花。戲劇方面，過去只有男戲，嘉靖以後就有女戲了，很多做過大官的人寫劇本，像《牡丹亭》的作者湯顯祖就是一個官。元曲的作者沒有一個是高級官員，都是一些下層社會的人，有的在衙門裡當一個小辦事員，有的做醫生；可是明朝戲曲的作者，大部分都是舉人、進士，有些還是高級官員。明朝後期盛行賭博，官吏、士人以不會賭博、打紙牌為恥。

最後，從政治方面來看，《明史．循吏傳》序提到嘉靖以前一百多年，一方面休養生息，發展生產；另一方面政治上比較清明，好官比較多。譬如大家知道的《十五貫》裡面有個況鍾，連做十幾年的蘇州知府，是個好官，另外一個周忱也是個好官，他做蘇州巡撫二十一年，在《十五貫》裡被刻畫壞了，這是不對的。此外，像于謙連做河南、山西巡撫十九年。嘉靖以前，有好些巡撫連任幾年甚至十幾年的，這是明朝後期所沒有的情況，明朝後期好官就少了。做官講資格，一講資格就壞事了，只要活得長就可以做大官；相反，真正能給老百姓做點事情的人就到處碰壁。像海瑞就是這樣，到處遭到大地主階級的反對，辦不了好事情。明朝後期有個知識分子陳邦彥對吏治的這種變化做了總結，他說：在嘉靖以前，做官的人還講個名節，做官回到家裡，人家問他賺多少錢，他要生氣；嘉靖以後發生了根本性的變化，做官等於做買賣，計較做這個官賺錢多還是賺錢少，在這個地方做官賺錢多，另外換一個賺錢少的地方就不願意去。到富庶的地方去做官，親友設宴慶賀；如果到窮地方去，大家就歎息。做官和發財連起來了，念書是為了做官，做官是為了發財。當時升官是憑甚麼呢？一個是憑資格，一個是憑賄賂，當時叫「送禮」。地方官三年期滿要進京，朝廷要考核他的成績，這時就是他「送禮」的時候了，送了禮就可以升官。所謂送上黃米、白米若干擔，即指黃金、白銀若干兩，後來改為送書若干冊，書的後面附上金子、銀子，叫作「書帕」。所以明朝後期的地方官上任以後先刻書。但是他們又沒有甚麼學問，於是粗製濫造，亂抄一氣。

以上這些情況說明，由於整個社會經濟的變化，即農業、手工業生產的發展，商業的繁榮，影響到了社會各方面。一些大地主把一部分從土地剝削所得的財產投資於手工業和商業，這樣，過去被社會上所歧視的商人的地位就提高了，國家的高級官員有不少人變成了商人，經商成為社會風氣。商人賺了錢就奢侈浪費，造成社會上的虛假繁榮現象，封建秩序、封建禮法開始受到衝擊，從而在文學藝術方面也出現了反映這種社會生活的作品。

第六，貨幣經濟的發展。在明朝以前，白銀已經部分使用，但是還不普遍，還沒有作為正式的貨幣。元朝使用鈔票，明朝初年用銅錢，由於老百姓已經有了用鈔票的習慣，反而不習慣用銅錢，只好仍然用鈔票。但是由於明朝對鈔票管理不善，無限制的發行，又不兌現，因而引起通貨膨脹，鈔價貶值，由一貫鈔值銀一兩貶至只值一兩個錢，鈔票的經濟意義逐漸沒有了。鈔票不能用，銅錢的重量又太大，短途進行交易還可以，像從南到北的遠距離交易，帶大量的銅錢就不行，幾萬、幾十萬銅錢很重，不方便，在這種情況下白銀就日漸流通於市場。白銀有它的優點：它的質量不會變，既能分割，化整為零，又能把一些分散的銀子鑄成一錠，化零為整；白銀價值比較高，一兩白銀可以抵一千錢。因此社會上對白銀的需要越來越迫切。

上次講過，明朝建都北京，糧食主要要從南方運來。四五百萬石糧食的運費要由農民負擔，運費超過糧食價格的幾倍，農民負擔很重。所以到明英宗時，逐漸改變了這種辦法，有些地方稅收開始改折「金花銀」，像這個地區應該送四石糧食，現在不要你交糧食了，改交一兩銀子，政府用一兩銀子同樣可以買到四石糧食。由於國內市場的擴大和稅收折銀的結果，銀子的需要量就大大增加了，原有的銀子不夠市場上的需要，因此在萬曆時期就出現了採銀的高潮。政府徵發許多人到處開銀礦，苛徵暴斂，引起國內人民的反對。

通過對外貿易的入超，大量的白銀輸入了。西班牙人從墨西哥運白銀到呂宋，由呂宋轉運中國，以換取中國的絲織品和瓷器。到後期，墨西哥的銀圓也大量流入中國，這樣，國內白銀數量逐漸增加，所以到萬曆初年，賦役制度大改變，把原來的田賦制度改為「一條鞭法」，使賦役合一，從此大部分地區的賦稅和傜役改折銀兩。

由於手工業和商業的發展，商品流通的客觀需要，遠距離的大量交易需要共同的貨幣做媒介，因而白銀普遍地應用起來了，這種情況也是以往歷史上所沒有發生過的。

第七，文學作品上的反映。唐朝、宋朝也有傳奇小說，裡面的主角是些甚麼人？主要是官僚、士大夫、文人等，寫市井人物的作品很少。到明代中葉以後出現了以市井人物為主人公的作品，例如《白蛇傳》的故事，在《西湖三塔記》中的三怪是烏雞、水獺、白蛇，男主角是將門之後——奚宣贊（岳飛部下的將官奚統制之子）；而《洛陽三怪記》的三怪是赤斑蛇、白貓精、白雞精，男主角卻是開金銀舖的老闆潘松了；流傳到現在的《白蛇傳》只剩下兩怪——白蛇和青蛇，男主角則是開生藥舖的許仙。故事的主角從將門之後的奚宣贊轉變為生藥舖的許仙，這一變化是值得我們注意的。

又如《金瓶梅》，是萬曆二十二年以後的作品，寫嘉靖、萬曆年間的事，主角西門慶也是開生藥舖的，與西門慶來往的篾片、清客都是官僚地主的後人，原來的地位比西門慶高，後來沒落了，成為西門慶的門客。以這樣一些人物為中心的小說，在過去是沒有的。

此外，在「三言」「二拍」中，如《賣油郎獨佔花魁》《倒運漢巧遇洞庭紅》等，主角是賣油小販和偶然發財的窮漢，這也都是當時的社會現實在文藝作品中的具體反映。

第八，明朝後期有了一些替商人說話的政治家。譬如徐光啟，他是上海人，是最早接受西洋科學，介紹和傳播西洋科學，如物理學、化學、天文學的一個人。他家裡原來是地主，後來兼營商業，他本人中了進士，做過宰相。他的思想反映了保護商人特權的要求，他提出了維護商人利益的具體建議。當時國家財政困難，西北有許多荒地，他就主張政府允許各地的地主階級招募農民來開墾荒地；開墾荒地多的，除了糧食給他外，還可以允許這個地主家裡的子弟有多少人考秀才、多少人上學，給他以政治保證。從他這種主張來看，他是當時從地主轉為商人的這一集團在政治上的代表人物。

總的來說，上面所講的這些問題是明朝以前沒有發生過的，或者雖然發生過，但並不顯著。當時的人也認識到了嘉靖前和嘉靖後所發生的這種巨大變化，當然，他們還不能理解這叫作資本主義萌芽，從我們今天來看，這個變化是舊的東西改變了，新的東西露出了頭，這些例子都可以作為資本主義萌芽來看。但是這些萌芽並沒有成長，以後又遭到了壓力，因此到鴉片戰爭以前中國還不能進入資本主義社會，資本主義還處在萌芽狀態。

這方面的材料直到現在還是不夠完備的，還沒有進行認真的研究，上面談的只是個人的看法，不一定對，更不一定成熟，只供同志們參考。

責任編輯 梅　林
書籍設計 彭若東
責任校對 江蓉甬
排　　版 肖　霞
印　　務 馮政光

書　　名 明史簡述
叢 書 名 大家歷史小叢書
作　　者 吳　晗
出　　版 香港中和出版有限公司
Hong Kong Open Page Publishing Co., Ltd.
香港北角英皇道四九九號北角工業大廈十八樓
http://www.hkopenpage.com
http://www.facebook.com/hkopenpage
http://weibo.com/hkopenpage
Email:info@hkopenpage.com
香港發行 香港聯合書刊物流有限公司
香港新界荃灣德士古道二二〇—二四八號荃灣工業中心十六樓
印　　刷 美雅印刷製本有限公司
香港九龍官塘榮業街六號海濱工業大廈四字樓
版　　次 二〇二一年五月香港第一版第一次印刷
規　　格 三十二開（128mm × 188mm）一七六面
國際書號 ISBN 978-988-8763-22-1